BRÉVIAIRE

DU

PEUPLE

SELON

La Raison et la Justice

RELIGION. — POLITIQUE. — ÉCONOMIE SOCIALE

La Collectivité. — L'État

La Fédération.

PAR

— BÉNÉDIC —

Prix : 1 Franc

PARIS 1890

DÉPOT ET VENTE CHEZ L'IMPRIMEUR

J. NATUREL, 53, rue du Temple.

BRÉVIAIRE

DU

PEUPLE

PRÉAMBULE

On ne peut dire d'un livre qu'il est bon ou mauvais ; il renferme du bon et du mauvais. C'est une question de rapports. Même les meilleures choses, manger, boire, travailler, se reposer, deviennent mauvaises, si l'on en abuse. C'est à nous d'observer, raisonner, comparer et juger, puis d'agir en conséquence, et de profiter, dans l'avenir, des leçons de l'expérience.

Telle est la règle de la vie, et c'est faute de la suivre que nous nous exposons si souvent à prendre le mal pour le bien, l'erreur pour la vérité, Dieu pour le Diable, et réciproquement.

Si, comme le raconte la Genèse, Adam et Eve touchèrent au fruit défendu, ils furent en cela très sages. Autrement, nous ne connaîtrions pas le mal, et ne serions pas libres. Il faut, de toute nécessité, que le mal existe pour que nous puissions connaître le bien. L'un nous sert à apprécier l'autre, et si l'un nous fait plaisir, c'est parce que nous savons que l'autre nous cause de la peine.

Les divers mobiles de nos actions, haine, amour, bonté, malveillance, égoïsme, générosité, peuvent tous être ramenés à deux sources : Passion et Raison.

La Passion procède des sens, du sentiment ; la raison, des idées, de l'intelligence. La passion cause les mouvements trop prompts, les jugements portés avant d'avoir éclairé et bien étudié une question, ou préjugés ; d'où l'Erreur.

La Raison commence parce que l'on appelle le le Bon Sens. Elle est la base de la Science, qui n'admet rien que ne puissent démontrer l'observation, la Raison et l'expérience : d'où la Vérité.

De même que chacun des cinq sens, la vue, l'ouïe, l'odorat, le goût, le toucher, correspond à des organes spéciaux, tout en participant de l'organisme général, ainsi l'on pourrait classer un sixième sens, intimement lié à la raison, qui est le sens moral, ou Conscience. Nous le possédons tous à un degré plus ou moins parfait. Il est susceptible de développement par l'éducation et l'instruction, qui, bien entendues, transforment une nature, même vicieuse, et peuvent la rendre intelligente, juste, honnête.

On appelle Science l'étude des phénomènes de la nature, et l'ensemble des connaissances qui en résultent. Tout fait acquis à la Science étant démontré, ne peut être que la Vérité.

Etant libres, nous vivons donc dans un état permanent de lutte entre le bien et le mal, entre la passion et la raison. Souvent, pour satisfaire un intérêt, un sentiment de haine, de jalousie, nous ne reculons pas devant un acte égoïste, immoral ou criminel. Ou bien, par ignorance, nous avons une foi absolue en ceux qui ont su capter notre confiance; nous partageons leur manière de voir sans vouloir nous en rendre compte; nous crions même au scandale si l'on veut nous montrer notre erreur et nous dévoiler la vérité.

Et lorsque des idées fausses, des préjugés, nous ont été inculqués, dès le jeune âge, par une éducation, une instruction mal comprises, ils sont souvent si tenaces, qu'il faut beaucoup de bon sens, de raison, d'énergie, pour les déraciner et leur faire reprendre la forme de la vérité.

Cela posé, lorsqu'un livre nous tombe entre les mains, quoi qu'on en dise, lisons-le hardiment. Réservons le bien, le vrai; laissons le mal, le faux; en un mot, jugeons-le d'après notre bon sens et notre raison, c'est-à-dire notre Conscience.

PROLOGUE

C'était en décembre 1870, quelques jours après Sedan. Depuis six mois, deux grandes nations étaient occupées à s'égorger et à se ruiner; rien ne manquait à cette fête de Rois : morts et blessés à profusion, villages incendiés, et leurs habitants éperdus; pêle-mêle d'hommes furieux, s'entretuant, se déchirant comme fauves, sans trop savoir pourquoi, et aussi disposés, si l'ordre et la raison leur en avaient été donnés, à se tendre la main qu'à s'égorger.

Le canon se taisait, au lendemain d'une veille sanglante. Ce qui restait de deux ou trois régiments victorieux, rentrés dans leurs campements, se rendait à l'Eglise au son d'une musique triomphale, pour y remercier Dieu d'une victoire fort coûteuse. Deux hommes allaient en tête, à cheval tous deux, le commandant et l'aumônier. Un Soldat et un Prêtre. Etrange rapprochement : l'un, homme de guerre, représentant la discorde et la barbarie; l'autre, ministre d'une religion qui prêche la concorde et la paix. Paix et Guerre, deux idées qui hurlent de se trouver ensemble, et qui, cependant, se rapprochaient ce jour-là. Religion et Politique, Prêtre et Roi, sont-ils donc faits pour s'entendre? Et quand l'un commet un crime, l'autre ne serait-il là que pour l'absoudre?

PRÉLIMINAIRES

Dans l'histoire de l'Humanité, depuis l'époque la plus reculée, jusqu'à nos jours, trois grands principes ont présidé à l'organisation sociale :

1° Le principe religieux, représenté par l'Eglise.

2° Le principe politique, représenté par le gouvernement.

3° Le principe économique et social, encore livré à l'anarchie, à réaliser et organiser dans l'Etat Républicain.

Principe Religieux. — Etant donné la nature humaine, imparfaite et soumise aux influences des passions et des intérêts, les hommes ont imaginé une nature plus parfaite, idéale, et aussi complète dans le sens du bien et du beau, de la justice, de la grandeur et de la puissance, qu'ils ont pu la supposer, par rapport à eux. Cette création de notre esprit, nous l'avons appelée : Dieu, et l'ensemble des rapports qui en résulte, nous l'avons appelé Religion.

Dieu n'est donc qu'une invention de notre esprit, un type imaginaire destiné à nous rapprocher constamment des qualités que nous lui attribuons, et duquel nous devons nécessairement écarter tout ce qui ressemble un tant soit peu à du mal.

Ainsi, un Dieu qui fait battre et s'égorger les hommes, un Dieu au nom de qui nous commettons des actes et faisons des spéculations malhonnêtes, sont autant de négations de l'idée divine et ne peuvent être que de l'erreur.

Le seul but que la Religion puisse se proposer est donc, ou devrait être, de nous moraliser et nous rendre meilleurs. A partir du moment où elle n'agit pas en ce sens, s'associe à quelque chose de mal, et glorifie une mauvaise action, elle devient nuisible, et notre devoir est de la répudier, attendu qu'elle ne répond plus, ainsi que Dieu, au type idéal que nous nous sommes formé, comme but à atteindre nous-mêmes.

Principe politique. — Tandis que la Religion s'occupait des intérêts spirituels et moraux de la Société, la Politique s'est proposé de gérer ses intérêts matériels; c'est-à-dire d'organiser les rapports entre les divers groupes constituant cette Société, rapports que l'on est convenu d'appeler d'*utilité publique,* autrement *Services publics*.

Il est clair, comme pour la Religion, que si des rapports se créent, si des services publics se présentent, que la Politique soit impuissante à organiser, si ces Services se trouvent exiger des modifications, des transformations qu'elle se refuse à faire, notre devoir est de la répudier comme ne répondant plus à sa mission et à son but.

Economie sociale. — Comme ces rapports, à mesure que la Société s'est transformée dans le Progrès, se sont précisément modifiés, et qu'aujourd'hui, l'intermédiaire adopté pour l'échange des produits, nature, or, argent ou papier, est devenu la nécessité, le *sine quâ non* de l'existence et de la liberté, il s'est formé, à côté de la Religion et de la Politique, un troisième principe, encore en anarchie et non organisé, qui tend de plus en plus à se substituer aux deux premiers, et que l'on appelle Economie Sociale. Comme elle repose sur des bases certaines, positives, elle devient une Science. Son objet est d'étudier les moyens de rendre et administrer les services publics au mieux et au meilleur marché, et d'en poursuivre la réalisation.

Les principaux services publics, sont par ordre de nécessité, d'utilité et d'agrément :

1° Alimentation, Habillement, Logement (propriété, agriculture, industrie, commerce, banque, chemins de fer, postes, télégraphe, canaux, routes, forêts, ponts-et-chaussées).

2° Ordre à l'intérieur et à l'extérieur (justice, police, défense, assistance, hospices).

3° Science (éducation, instruction, morale, médecine, hygiène.

4° Baux-Arts (littérature, arts du dessin, musique, art dramatique).

A Monsieur XXX

Evêque et Député

Monsieur, chaque fois qu'arrive à la Chambre la discussion du Budget des Cultes, vous paraissez à la tribune et développez votre grand argument, à savoir que la Révolution s'étant emparé des biens de l'Eglise et du Clergé, c'est bien le moins, si elle ne veut pas les rendre, de conserver intact, à titre d'indemnité, le Budget des Cultes.

C'est là, ce me semble, une thèse difficile à soutenir, et j'estime qu'il ne peut être besoin d'un long discours pour vous en convaincre, et vous faire voir combien le cas que vous défendez est délicat et injuste.

Tout d'abord, vous admettez bien, je pense, que la Religion, non plus que le Culte, ne sont une nécessité, puisque l'on peut vivre fort honnête et mourir très estimé, sans en avoir le moindre souci.

Les exemples ne manquent pas, et il est évident que s'il y a un Paradis, ce que ni vous, ni moi, n'oserions affirmer, Diderot, d'Alembert ou Proudhon doivent y être aux premières places, en raison des services rendus et du profond sentiment de justice qu'ils ont montré dans leurs rapports vis-à-vis de leurs semblables.

Par opposition, il y a dans l'histoire, une jolie collection de Papes, munis d'infaillibilité, représentants de Dieu sur la terre, qui ont donné aux hommes de tristes exemples, et il y aurait d'intéressants parallèles à établir entre eux et les plus scélérats des Empereurs romains, par exemple entre Urbain VI et Domitien, Alexandre Borgia et Héliogabale, Jean Cossa et Caligula. Ce qui tend à prouver qu'en fait de morale, les notions de Dieu et de Religion sont absolument impuissantes et négatives.

Passons. Malgré que la Religion et le Culte soient affaires de luxe, et non services publics, puisqu'on peut fort bien s'en passer, il m'est cependant souvent arrivé, comme à vous, d'entendre cette formule familière à la Bourgeoisie et aux Classes dirigeantes: « Certes, nous n'avons pas besoin de Religion, mais il en faut pour le Peuple ». Pauvre peuple! voilà un luxe qu'on lui impose, qui lui a coûté et lui coûte encore cher! Il lui faut une Religion et un Dieu! C'est-à-dire qu'on le condamne à se priver du nécessaire, pour lui offrir, le ventre creux, une illusion! Et s'il en usait, encore! Mais entrez, par curiosité, Monsieur, dans quelques églises de Paris, même un jour de fête! Vous verrez combien de fidèles les fréquentent, sur une population de deux millions d'habitants! Je vous en accorde deux cent mille et je suis généreux.

Passons donc sur ce fait peu délicat de la part du Clergé, de vivre d'un budget auquel sont tenus de contribuer, même ceux qui refusent ses services, en protestant contre une semblable exaction, et arrivons à votre grand argument.

Les Biens de l'Eglise et du Clergé! Voilà donc une Eglise se disant instituée par un va-nu-pieds, communiste, insurgé, mis au gibet pour excitation au désordre, et à la ruine des institutions établies, parlant ainsi à qui voulait être son disciple: « Va, vends ce que tu as, donnes-en l'argent aux pauvres; puis prends une croix, viens, et me suis »; voilà, dis-je, cette Eglise arrivée, en 1789, ne raison de ces préceptes, à posséder en France les deux tiers du territoire! Ah! Monsieur, à ce moment, il en était temps encore; si elle s'était conformée aux enseignements de Jésus, si, au lieu d'exploiter à son profit la propriété, elle l'avait gérée au profit du peuple, de la communauté, de la collectivité, quelle grande tâche! quel rôle splendide elle se préparait dans l'Economie sociale! Et qui sait? elle nous aurait probablement épargné 93 et bien d'autres aventures! Malheureusement, elle n'a pas voulu comprendre, et l'a gérée dans son intérêt personnel. Que voulez-vous? la Communauté s'est fâché et a repris ce qu'elle avait donné.

Mais, je suppose encore que ces biens vous soient rendus. Qu'en feriez-vous? Le Clergé les exploiterait-il à son profit? Les vendrait-il pour en placer l'argent en rentes sur l'Etat? Belles conséquences des préceptes de Jésus! Il reviendrait tout exprès sur la terre pour chasser encore les marchands du temple, comme il fit jadis à Jérusalem.

Quel dommage, Monsieur, que le talent et l'éloquence que vous employez à défendre une aussi mauvaise cause, vous ne les appliquiez pas à la Science, à la Morale, au Progrès économique et Social! Combien vous y gagneriez! Je suppose qu'un jour vous paraissiez à la tribune, éclairé comme autrefois saint Paul sur le chemin de Damas, sérieux et sincère comme Jean Huss au Concile de Constance, et que vous disiez : « Messieurs, j'étais dans l'erreur; la voix de la conscience et de la justice s'est levée. Je ne viens plus défendre les biens de l'Eglise et le budget des cultes. Je ne veux plus enseigner aux hommes le Catéchisme et la Théologie, mais la Science et une Morale basée sur le respect de soi-même et des autres. Je veux que désormais le prêtre devienne un homme semblable aux autres, connaissant sa conscience, la femme, la famille et la société; qu'il soit un simple professeur, enseignant la Vérité et la Justice, et cherchant la réalisation du bonheur de l'humanité non plus dans un avenir incertain et en dehors de cette existence, mais dans le présent; je veux qu'il travaille à délivrer les hommes de l'ignorance et de la misère. »

Comme le peuple applaudirait, Monsieur! Comme il vous estimerait et oublierait volontiers les méfaits de l'Eglise, ainsi qu'il arriva à la pécheresse de l'Ecriture, à qui il fut beaucoup pardonné parce qu'elle avait beaucoup aimé!

Je vous dédie, Monsieur, la première partie de ce Bréviaire. Elle est courte, mais contient, je crois, les raisons suffisantes et claires, pour convaincre tout homme de bon sens, sincère et de bonne foi. J'espère que vous m'en saurez gré, et me pardonnerez la liberté que, pour l'amour de la vérité et de la justice, j'ai prise auprès de vous.

PREMIÈRE PARTIE

RELIGION

A l'origine, la première société se trouva constituée par la famille. La réunion de plusieurs familles forma une tribu, puis une peuplade, un peuple et une nation.

Le premier sentiment qui se manifesta dans l'esprit de l'homme, entouré de difficultés au milieu d'une nature sauvage, d'éléments inconnus et hostiles, fut celui d'un être créateur, maître absolu de tous les phénomènes naturels. C'est le sentiment religieux. C'est par ce sentiment et la crainte de Dieu qui en résulte, que le chef de la famille établit son autorité sur les autres membres. La Religion fut longtemps le seul mode de gouvernement, et le chef, ou prêtre, le seul maître politique et religieux.

A mesure que les groupes sociaux se divisèrent en augmentant, les formes de la Religion et du Culte se multiplièrent ; en sorte qu'il y a aujourd'hui une quantité d'Eglises, Communions, ayant chacune ses Dieux particuliers, vrais pour l'une, faux pour l'autre, et se prétendant meilleures l'une que l'autre.

L'une, dite Catholique, affirme que hors d'elle il n'y a pas de salut possible. De telle sorte que si le hasard nous avait fait naître Juifs, Mahométans ou Boudhistes, nous serions d'avance perdus à tout jamais : Hors de l'Eglise Catholique, pas de salut. C'est absurde, et le plus simple bon sens ne saurait l'accepter.

Toutes les Religions sont, du reste, basées sur les

mêmes principes : existence d'un Dieu unique ou multiple, et immortalité de l'âme; conséquemment vie future. Principes que n'ont pu encore démontrer ni l'observation, ni la raison, ni l'expérience, et qui, s'ils peuvent causer le moindre mal, doivent être rejetés ou considérés comme erreurs ou mensonges.

Religion est plus souvent qu'on pourrait croire, employé comme synonyme de révolution. Ainsi, le Catholicisme est une dégénérescence du Christianisme et le Christianisme fut une Révolution.

Presque tous les grands réformateurs qui ont bouleversé l'état social à diverses époques de l'Histoire, comme Moïse, Jésus, Mahomet, Confucius, Luther, sont simplement des révolutionnaires, des insurgés contre l'ordre établi. Ils se sont servis de l'influence et de l'autorité religieuses pour arriver plus sûrement à leur but.

Il y a, par exemple, beaucoup d'analogie entre ces deux termes : Christianisme et Révolution de 1789; et les Evangiles, les Actes des Apôtres, sont, pour le temps où ils parurent, un tissu d'idées et de maximes subversives, qui ont ébranlé la Société au moins autant que la proclamation des Droits de l'Homme et du Citoyen, les Cahiers des Etats-Généraux, et les Décrets de la Convention.

En effet, lorsque paraît Jésus, tout l'empire Romain est divisé en hommes libres et esclaves. A Rome, il y a quinze ou vingt mille citoyens libres pour trois à quatre cent mille esclaves. Les premiers ont sur les seconds droit de vie et de mort. Jésus proclame que tous les hommes sont égaux en droits, et qu'il ne faut pas faire aux autres ce que l'on ne voudrait pas qui fût fait à soi-même.

En 1789, il n'y a plus d'esclaves, mais des serfs. Toute la différence est que le droit de vie et de mort n'existe plus, et que le serf peut avoir famille. Mais il reste propriété du seigneur. La Révolution éclate, et les Droits de l'Homme sont proclamés, avec la devise : Liberté, Egalité, Fraternité.

Jésus ayant à lutter contre la noblesse romaine, César et les prêtres; n'ayant pour lui que sa raison et sa volonté; attaquant franchement les abus, ne put vaincre avec les seules armes de la persuasion. Mis au gibet comme un criminel, il mourut en plaignant l'ignorance et la sottise du peuple, pardonnant même à ses ennemis. Lui mort, malgré les martyrs et les ruisseaux de sang versés pour ou contre, le Christianisme nous a été transmis tronqué, dénaturé par les chefs de l'Eglise, qui ont fondé sur ses ruines le Catholicisme, grâce auquel ils sont encore maîtres d'une partie de l'Humanité.

En 1789, c'est une ville, puis un peuple, qui se lèvent. Du premier pas, ils renversent Noblesse, Royauté et leurs privilèges. Toutes les monarchies de l'Europe s'émeuvent. La France répond en portant chez elles, ses armes victorieuses et l'esprit révolutionnaire. La République commençait à s'asseoir solidement lorsqu'un homme, Bonaparte, se trouva sur son chemin. Si c'eût été un Cincinnatus, un Washington, elle envahissait bientôt toute l'Europe : la Révolution produisait de suite ses effets. Mais, politique sans foi ni loi, ambitieux, égoïste, il s'empara du pouvoir, et maître absolu, s'en alla ruiner la France et l'Europe dans des guerres sans raison et sans but sérieux. Ainsi furent retardés les effets de la Révolution de 1789.

C'est donc à tort que l'on confond souvent Christianisme avec Catholicisme. Révolution avec Religion. On enseigne à la jeunesse que l'Eglise Catholique, le Pape, le Clergé, sont les représentants de Jésus. On laisse à dessein se confondre dans les esprits Morale Chrétienne avec Religion Catholique. C'est erreur ou mensonges.

Jésus a simplement agi en homme de cœur, ayant un profond sentiment de la Justice. Il a tenté une Révolution sociale basée sur la communauté des biens et l'égalité morale, dont il a donné cette formule : Faire aux autres comme on voudrait qu'il fût fait à soi-même »; et jugeant que tous les hommes étaient moralement égaux, et qu'il devait être rendu à chacun selon son droit.

Quant à l'Eglise actuelle, avec Pape, Cardinaux, Chanoines, Evêques, Curés, Vicaires, Moines et Jésuites, il n'y songeait guère. Cette Eglise est, du reste, à chaque instant, en contradiction formelle avec les maximes, les pensées, la morale du Christianisme.

Elle se compose, en bas, des Curés des villes et des campagnes; en haut, des Evêques, Cardinaux, Pape, Jésuites.

Pour les premiers, dont la plupart vivent du

traitement de 1,000 à 2,000 francs que leur fait l'Etat, ils sont plus à plaindre qu'à blâmer. Leur plus grand tort est de servir une mauvaise cause, et beaucoup ne demanderaient pas mieux que d'enseigner des choses sensées à la place des sottises qu'ils ont mission de débiter à leurs paroissiens. Mais on les a mis tout jeunes au séminaire, et quand ils en sont sortis, ils ne savaient que juste ce qu'il faut pour être prêtres. La Théologie, l'Histoire sacrée ne suffisent pas pour remplir quelqu'autre fonction sociale. Or. il faut vivre. Ils se soumettent donc, et une fois là, l'obéissance passive est le mot d'ordre, que l'ordre soit logique ou absurde.

Si l'on ajoute à cela qu'ils sont tenus de ne pas connaître la femme ni la famille, c'est, en réalité, une situation intolérable dans laquelle on les jette, et ils ont, certes, droit à quelque sympathie, de la part des hommes quelque peu éclairés et indépendants.

Pour le haut clergé et les Jésuites, c'est autre chose. Tous ceux qui en font partie agissent en pleine connaissance de cause, sachant parfaitement que penser de la morale et des doctrines qu'ils enseignent, lesquelles ne ressemblent en rien à celles de Jésus.

Exemple : Jésus a pris pour fondement de son Evangile social l'égalité morale. Or, toute l'Eglise est constituée en une hiérarchie autoritaire qui en est la négation. Le Pape lui-même, chef absolu, a fait récemment sanctionner par un Concile, le principe de l'inégalité morale la plus révoltante, à savoir que lui, Pape, est infaillible, et conséquemment, bien supérieur aux autres hommes.

Jésus faisait mépris du luxe et des richesses; l'Eglise elle-même se glorifie de sa naissance dans une étable, et de l'humilité de son existence. Et c'est en son nom qu'elle a fait suer au peuple sang et eau pour construire des Temples et des Palais splendides, en lui promettant, à lui, les splendeurs d'une vie future. Le Pape et son entourage se montrent aux yeux des fidèles sous les plus riches ornements. Non content de spéculer sur le Denier de Saint-Pierre, qui, chaque année lui rapporte un revenu de plusieurs millions, il autorise le Clergé à faire commerce de tout : Messes, Baptêmes, Mariages, Enterrements, Indulgences. Il a fait son possible pour conserver son pouvoir temporel. Quant aux Évêques et Cardinaux, ils cumulent les revenus du sacerdoce avec ceux de négociants, propriétaires, hommes politiques. Que de marchands Jesus aurait encore à chasser du Temple ?

Jésus a dit encore : « Paix sur la terre aux hommes de bonne volonté ». Et le catholicisme a déchaîné les guerres les plus sanglantes ! Et cette Eglise de paix et de charité a créé un tribunal de sang, l'Inquisition, se livrant à tous les raffinements d'une torture infernale ! Elle a prêché la discorde, l'intolérance, dans les Croisades, les Dragonnades, la Saint-Barthélemy, la révocation de l'Edit de Nantes! Aujourd'hui encore, quand les Rois font la guerre aux Peuples, elle bénit les armes et les drapeaux, s'associant ainsi aux massacres. Puis, après une lutte qui a coûté la vie à des milliers d'innocents et d'ignorants, elle rend grâces au Dieu des armées et lui adresse ses *Te Deum!*

Et, de nos jours, un Pape a pu voir, sans honte et sans remords, couler pour lui le sang de nombreuses victimes, et a permis que l'on fît, pour son compte, l'essai d'un nouveau fusil, arme plus meurtrière que toutes celles connues jusqu'alors.

Et cet homme se disait le représentant de Jésus, qui se laissa insulter sans répondre, crucifier sans résistance, faisant remettre au fourreau l'épée qu'on tirait pour le défendre, et disant : Celui qui tue par l'épée périra par l'épée. »

Jésus enseignait et pratiquait le pardon des injures. L'Eglise, elle, a inventé l'excommunication, la damnation éternelle, et, comme palliatif, la confession. Elle prétend, il est vrai, que Confession et Communion ont été instituées par Jésus lui-même, En somme, la confession est un procédé odieux qui permet au clergé de connaître les sentiments, les secrets des personnes, des familles, d'entretenir les mauvaises passions, les jalousies, les haines. Et c'est vraiment une honte de voir encore, de nos jours, quelques hommes, et trop de femmes, aller révéler à un prêtre ce qui se passe dans leur cœur et au sein de leur famille, manquant ainsi à tous les devoirs qu'imposent la pudeur et l'honnêteté.

Quant à la communion, l'Eglise ne paraît pas se douter de ce que c'était aux premiers temps du Christianisme. Les premiers Chrétiens étaient communistes, et pour faire partie de la Communion chrétienne, il fallait donner ses biens aux pauvres, à la communauté et vivre en commun. Traqués comme bêtes fauves par César et les prêtres du temps, obligés de se cacher, ils se rassemblaient, vivaient, mangeaient ensemble, en un mot, communiaient. Voilà ce qu'était la Communion.

Il y a donc loin, comme on le voit, de Christianisme à Catholicisme, et c'est, en vérité, faire acte chrétien que de l'enseigner et de mettre en garde contre les prescriptions de l'Eglise et les pratiques du Culte, les gens honnêtes et de bonne foi qui croient bien agir en s'y soumettant aveuglément.

Lettre d'un homme de bonne foi à un ami qui lui demandait son avis sur Dieu et la Religion.

Mon cher ami, je me soucie bien peu des questions religieuses, d'Eglise, de Culte, et vis exactement comme s'il n'y en avait pas. Je trouve tout cela tellement défectueux, qu'il faut, à mon avis, être bien ignorant pour ne pas savoir s'en passer.

Pour ce qui est de la foi, je crois que deux et deux font quatre; que la ligne droite est le plus court chemin d'un point à un autre que le soleil nous éclaire; que tous les hommes pourraient être justes et honnêtes; et autres vérités qui me tombent sous les sens ou me sont démontrées par l'observation, la raison, l'expérience. Cependant, vu l'ignorance de beaucoup, je respecte toutes les croyances, maudissant en moi-même le préjugé et l'erreur, plaignant ceux qui y sont sujets, et faisant mon possible pour leur montrer la vérité sans trop les blesser.

J'estime que Moïse, Platon, Jésus, sont de grands génies. Leurs maximes, la devise de la Révolution, la déclaration des droits de l'homme, sont évidemment les formules les plus élevées de la Morale que l'on ait trouvées jusqu'à ce jour. C'est grâce à elles que je puis agir selon le bien, et avec quelque liberté, vivre en paix avec les honnêtes gens que j'adore et me garder des méchants que je plains ou que je méprise.

Par le travail, je puis être utile à la Société selon mes aptitudes, et à moi-même, en y trouvant une occupation et des moyens d'existence. A mes loisirs, je cherche dans la Science et l'Art les secrets et les beautés de la nature, l'ordre dans l'univers, l'Infini, dont les Prêtres ont fait Dieu en le dénaturant.

Je trouve ainsi dans le travail la nourriture de mon esprit et de mon corps. Et, à ces titres, il vaut mieux que la prière, qui reste souvent stérile. Si le travail, lui, ne rends pas toujours selon les peines qu'on lui donne, c'est qu'il est encore livré au chaos, à l'anarchie, et conséquemment vicié dans son origine et ses résultats.

Tu me parles de Dieu, de Créateur! Ce sont des mots, c'est l'Inconnu. Tel qu'il existe dans notre esprit, c'est une contradiction, un fléau, une plaie de l'Humanité. Des centaines de cultes se disputent l'honneur de posséder le vrai, le meilleur; des milliers d'hommes ont chacun le leur, qui est distinct. Ainsi, le mien, si j'en avais un, ne serait pas le tien: juge du reste. Il y en a un pour la paix, un pour la guerre, un pour chaque vertu et chaque vice. De cette façon, le prêtre s'en tire toujours et y trouve bénéfice. S'il t'arrive du bonheur, c'est par la grâce de Dieu; si du malheur, c'est pour t'éprouver; remercie-le, Dieu châtie ceux qu'il aime. Pour mon compte, en théorie, je préfère le Diable. Celui-là, au moins, on sait ce qu'il veut, et que le bien n'est pas son affaire.

Toi-même, de quel Dieu veux-tu me parler? Est-ce de celui que la Religion érige en gendarme de l'Humanité? Celui-là était bon tout au plus au temps où les hommes ignoraient la conscience et les lois de la justice dans l'égalité morale. Si, à tout hasard, notre âme est immortelle, s'il y a une vie future, il ferait beau voir qu'après avoir rempli ici-bas mes devoirs d'honnête homme vis-à-vis des autres, j'en sois puni. Tu comprends bien que ce Dieu-là est impossible, car alors la Justice serait l'Injustice.

Ou bien veux-tu me parler du Dieu qui passe

pour être le Créateur et Seigneur de toutes choses? Du Père Eternel qui, jadis, créa le monde en six jours, et se reposa le septième, il y a environ six mille ans? qui fit tourner le Soleil autour de la Terre? Mais celui-là n'est qu'un mensonge, œuvre de la religion qui l'a inventé pour les besoins de sa cause. Car l'histoire, la science, nous démontrent que tout cela est faux. La Religion, en enseignant ses dogmes et vérités révélées, n'a réussi qu'à abrutir l'Humanité, et l'asservir pendant des milliers d'années.

Si tu me dis que l'univers existe, qu'il y a dans cet univers du mouvement, de l'ordre, de l'harmonie, comme aussi beaucoup de désordre, je puis l'affirmer avec toi; mais si tu me demandes comment, en vertu de quelle lois, ce mouvement, cet ordre, ce désordre se sont produits, tout ce que je puis te répondre, c'est qu'on ne le sait pas encore, et si tu le veux nous le chercherons ensemble dans l'étude des phénomènes de la nature. C'est l'objet de la Science, qui nous éclairera sur ce que l'on en sait déjà; de la Science, amie de la raison, que la Religion, l'Eglise, ont prohibée de tout temps, et dont elles ont persécuté, martyrisé les disciples : Jean Huss, Viclef, Jérôme de Prague, Savonarolles, Bacon, Campanella, Galilée, Gutenberg, et tant d'autres; de la Science, qui est en train de régénérer l'Humanité et a plus fait pour elle depuis un siècle, que la Religon, Dieu, le dogme, la foi n'ont fait pendant des miliers d'années; qui nous fait entrevoir les merveilles de la nature, les lois de l'ordre et de la justice dans le monde; qui, chaque jour, affranchit de plus en plus notre esprit de l'ignorance et notre corps de la misère et qui, combinée avec l'industrie et l'art, constitue le travail, crée l'ordre et la richesse qui feront de l'homme un être libre.

Voilà pourquoi je hais la Religion et son Dieu; pourquoi je méprise leur Eglise; et pourquoi je plains leurs prêtres et leurs fidèles. Voilà pourquoi, aussi, j'aime le travail, science, art ou industrie, et je vais par lui à l'affranchissement de l'Humanité.

La conclusion, mon cher ami, est que Dieu, ni la Religion, n'ayant rendu les services que l'on pouvait en attendre, tout homme de cœur et indépendant doit leur faire une guerre sans trève ni merci, comme étant nuisibles à la marche du Progrès dans la Science, la Justice, la Vérité. Nous avons donc le devoir d'éclairer en ce sens les ignorants, leur montrer qu'ils se laissent induire en erreur, et font du tort à leurs semblables et à eux-mêmes; de travailler à ce que la raison remplace la foi, afin de voir les prêtres devenir de simples savants et professeurs, enseignant une morale basée sur le respect de soi-même et des autres, et les devoirs mutuels : de sorte que l'Eglise soit un jour comme un magasin ayant pour enseigne : Religion; et débitant sa morale, ses messes, baptêmes, mariages, enterrements, indulgences, et autres articles qui, n'ayant plus cours, ne pourront être écoulés; alors, force sera aux marchands récalcitrants, de fermer boutique et de faire autre chose.

DEUXIÈME PARTIE

POLITIQUE

Autrefois, lorsque les hommes, groupés en peuplades, vivant surtout de chasse et de pêche, avaient peu de relations et étaient ignorants, c'était généralement le plus fort, le plus adroit, qui était le chef, prétendant être directement investi de son pouvoir par Dieu lui-même.

Plus tard, les intérêts matériels s'étant multipliés, les hommes le plus indépendants ne voulant plus subir l'autorité absolüe du chef religieux, se donnèrent un chef potitique, Juge ou Roi, qui fut sacré par le prêtre, et comme sujet du chef religieux.

Enfin, le peuple, croissant en force par le nombre ; et la culture, l'industrie, l'échange, augmentant toujours, la Religion devint impuissante à les gérer, et un gouvernement politique fut définitivement constitué, indépendant du gouvernement religieux.

Aujourd'hui, comme si la force, l'autorité, ne résidaient pas en Dieu, mais dans le peuple, le prince politique est le maître et se soucie peu de l'Eglise. Il prétend néanmoins tenir son pouvoir d'une raison supérieure qu'il nomme Providence. En somme, on n'a guère fait que tourner dans un cercle vicieux. Au point de vue du contribuable, Dieu ou la Providence c'est exactement la même chose.

Au surplus, Chef religieux et politique se sont toujours soutenus mutuellement, leur intérêt étant le même, à savoir tirer du peuple, en le gouvernant, le plus d'avantages possibles. Tous deux semblent avoir pris pour devise : « Les hommes sont ignorants, gardons-nous de les instruire et de leur en donner les moyens; ils verraient bientôt qu'il leur est facile de se passer de nous. Nous avons une belle position, qui nous rapporte argent, honneur et gloire; le principal est de la conserver. Si le peuple a des velléités de s'émanciper, nous devons y mettre ordre. C'est notre intérêt commun, aidons-nous à la tâche. Nous avons pour nous nombre de moyens. Dieu et le Diable, l'Enfer et le Paradis, sont, il est vrai, un peu usés; mais il nous reste l'ignorance, la misère et la guerre; l'émeute et l'insurrection; la Providence et la Patrie; sans compter l'amende, la prison, l'exil. Il faudrait être bien sots pour ne pouvoir nous en tirer, avec un pareil arsenal.

RÉVOLUTION, que l'on confond souvent avec émeute, ou insurrection, signifie : réforme dans une série d'idées, un ordre de choses établi. Ainsi l'on dit Révolution scientifique, industrielle, sociale, pour indiquer une réforme générale dans la Science, l'Industrie, la Société. Si l'on admet que l'humanité progresse, il faut bien admettre aussi que les Révolutions sont inséparables du Progrès. Les empêcher, c'est vouloir forcer l'humanité à rester stationnaire.

L'histoire nous montre, par le Christianisme, la Révolution de 1789, que c'est peine perdue que de comprimer les réformes appelées par les esprits; tout au plus arrive-t-on à les retarder, et aggraver ainsi les situations, à reculer pour mieux sauter.

Elles seraient, du reste, insensibles, s'il ne se trouvait des intéressés pour les arrêter. En suivant pas à pas le Progrès, et en appliquant les réformes à mesure qu'il les présenterait, elles se feraient naturellement, sans secousse, et pour ainsi dire sans qu'on s'en aperçoive. C'est ce qui arrive, d'ordinaire, quand la politique ne s'en mêle pas.

En effet, qu'un ouvrier trouve un procédé économique pour s'éclairer par une huile, une lampe nouvelles; qu'un savant remplace avantageusement la vapeur par l'électricité, et construise de nouvelles machines; chacun peut expérimenter les lampes, les machines, et, le système reconnu bon, l'appliquer librement pour son usage. D'où, Révolution dans plusieurs branches de l'industrie et du commerce.

En Politique, cela change. Que le peuple trouve, par exemple, des moyens avantageux de s'instruire, et demande des réformes dans l'enseignement, il les propose au gouvernement, qui est, vis-à-vis du pays, comme le gérant, le distributeur de l'instruction. Or, ces réformes, si elles sont appliquées, ne pouvant que diminuer le prestige et l'autorité politique, il est tout naturel que le gouvernement évite autant que possible d'en tenir compte.

Les demandes, les plaintes, se succédant, d'une part, et, de l'autre, l'indifférence ou le refus systématique, on finit par s'indigner, et la lutte se trouve ainsi engagée.

Les plaintes devenant des accusations, le gouvernement peut essayer d'intimider son monde en punissant d'amende, de prison, les plus intelligents, ceux qui éclairent le peuple par la parole ou la presse, et lui dévoilent la vérité et les abus. Si l'indignation va croissant, et si, au pouvoir, se trouve un prince, un dictateur, il peut risquer un complot, auquel il échappera, par la grâce de Dieu ou de la Providence, mais qui servira de prétexte pour restreindre les libertés.

Si l'on n'arrive pas à troubler l'ordre afin de le rétablir, on peut avoir recours à l'émeute; et si elle ne vient pas assez vite, l'activer par des mercenaires. Le gouvernement, attaqué, se défendra et sera dans son droit. On massacrera ce que l'on pourra des émeutiers, le reste sera empoigné et exilé; les libertés seront muselées; puis les fidèles iront criant que l'ordre, un instant troublé, est rétabli; et voilà les réformes enterrées pour quelque temps, personne n'osant plus crier trop fort.

Mais, si le complot, ni l'émeute ne réussissent; si le peuple, méfiant et sourd aux excitations, reste calme et inflexible dans ses revendications, il reste alors le grand moyen : la Guerre, avec son cortège : Honneur et Patrie, Valeur et Patriotisme, Courage, Lâcheté, Gloire et Victoire.

CONTE

Lorsque, croissant en nombre, les peuplades devinrent peuples, il arriva nécessairement un jour que deux peuples se rencontrèrent.

Comme ils avaient des institutions, une langue, des usages différents, on fut d'avis, de chaque côté, qu'il fallait s'entendre, prendre ce qu'il y avait de bon de part et d'autre, puis se réunir en un seul peuple, pour faciliter les rapports et l'échange des produits. Les Rois furent naturellement chargés de régler la chose. Or, étant venus à parler de leur situation respective, vis-à-vis de leurs sujets, ils jugèrent d'un commun accord, que le mieux, avant tout, était de la conserver.

Ils firent donc entendre qu'il n'y avait rien de bon à prendre chez le voisin, dont les institutions étaient défectueuses, puis s'appliquèrent à faire naître et se développer dans les cœurs l'amour du pays et le mépris de l'étranger. D'où l'origine du sentiment de la Patrie.

On s'aperçut un jour qu'il y avait, entre les deux peuples, une peuplade indépendante. Chacun des monarques de vouloir, alors, la réunir à son royaume. Il était de l'intérêt de la Patrie de ne pas laisser le voisin s'en emparer. De là une guerre. Le vainqueur se l'appropria par droit de conquête, et, sans s'inquiéter des plaintes des habitants, les annexa, les forçant ainsi à changer de patrie et à payer l'impôt.

La guerre finie, on fit la paix. Les deux rois se réconcilièrent publiquement. On fit des fêtes magnifiques. Les peuples, las de se faire tuer, chantèrent, illuminèrent, pensèrent se saoûler de réjouissances. Et, le soir, après boire, comme les deux monarques devisaient sur ces événements : « Après tout, dit le vaincu, je n'en suis pas fâché. Mon peuple n'était pas très content de moi, et commençait à me faire des misères. Maintenant, il est gai, tout est pour le mieux. Le pays est à peu près ruiné ; il faudra bien que chacun s'occupe de remettre en ordre ses affaires, sans songer à autre chose. Puis, j'ai mis en avant les plus malins, qui sont morts; le reste marchera comme moutons à l'étable ».

« Par ma foi, répliqua le vainqueur, j'en ai autant à vous dire. Touchez là, et avis à nous pour une autre fois. »

La chose passa ainsi à l'état de recette, et depuis, les rois ont toujours eu soin d'entre tenir chez les contribuables l'esprit de nationalité et l'amour de la Patrie, et, dans le pays, un petit coin de terre qui pût donner lieu à une dispute et occasionner une guerre, suivant les besoins de la situation.

Quelque soit le sens que l'on donne à ce mot : Patrie, ni la raison, ni l'expérience, n'en peuvent tirer autre chose qu'un sentiment contradictoire, une antinomie. Si c'est le pays où l'on est né, où l'on a sa famille, ses intérêts, il peut très bien arriver qu'un homme soit né dans un pays et que sa famille en habite un autre; qu'il ait des parents, des intérêts disséminés dans plusieurs nations : il s'ensuivrait donc qu'il a cinq ou six patries; c'est absurde.

Si l'on entend par Patrie, le sol, la propriété individuelle, alors ce devient une duperie pour ceux qui ne possèdent rien. Et, ce n'est pas sans quelque raison qu'un publiciste satirique écrivait un jour, dans un projet de constitution fantaisiste :

« Article premier. — Tout citoyen se doit au service militaire pour défendre le sol sacré de la Patrie.

« Article 2. — Celui qui n'aura pas le moindre sol sacré à défendre, ira défendre celui des autres.

« Article 3. — Quand il l'aura bien défendu pendant sept ans, il aura le droit de revenir le cultipour le compte du propriétaire.»

Du reste, de même que l'idée de Dieu s'est modifiée en Providence, ainsi l'idée de Patrie s'est transformée en nationalité. Mais nation et nationalité ne peuvent avoir un sens que pour un peuple organisé en République, et dont tous les droits, les devoirs, les intérêts, de Justice, Défense, Economie, seraient identiques et solidarisés.

Il est évident qu'un groupe humain peut former une association dans ce but et constituer une nationalité pour se garantir contre des invasions, des bouleversements, des privilèges individuels ou sociaux, possibles. Mais la nationalité sera un leurre, si tous les droits, les devoirs et les intérêts des individus constituant le groupe ne sont pas identiques et solidaires.

Ainsi réalisée dans l'Etat Républicain, la nationalité deviendra un principe sérieux, un anneau naturel de la chaîne du Progrès, qui part de l'individu et de la famille, pour arriver à la peuplade, au peuple, à la nation et enfin à l'Humanité.

Certains publicistes ont prétendu expliquer la nationalité par des antipathies, des différences de Races. Un éminent philosophe, M. Littré, après avoir répudié cette idée de Races, dans un livre des plus intéressants : *Conservation, Révolution et Positivisme*, y est revenu plus tard. Mais on aura beau ergoter, discuter sur ce sujet, il est impossible de trouver chez les hommes, en général, autre chose que l'instinct de la conservation et des rapports de l'existence, et chez les natures intelligentes et honnêtes, l'aspiration et le travail à une organisation morale, économique et sociale, plus parfaite. Il y a donc, partout et toujours, des intérêts moraux et matériels absolument identiques, quels que soient la Race et le degré de Civilisation.

C'est pourtant au nom de la Patrie, comme au nom de Dieu, qu'ont été commises nombre de sottises et d'infamies. La France, par exemple, a été longtemps divisée en Picards, Bretons, Lorrains, Francs-Comtois, Bourguignons, Gascons, etc., tenant chacun à leur nationalité et à leur patrie, qui servaient à se détester et à se battre à qui mieux mieux. Aujourd'hui, tous ne forment qu'une seule nation et ne s'en portent pas plus mal. Même chose est arrivée, du reste, pour l'Italie, l'Autriche, l'Allemagne.

Le pire est que Patrie et Patriotisme sont étroitement liés à l'idée de courage et de lâcheté. Même sous un gouvernement personnel et despotique, avec un dictateur, empereur ou roi, maître absolu du droit de paix et de guerre, le peuple admet ceci : un soldat reçoit l'ordre d'aller tuer ou se faire tuer; s'il obéit et fait son possible pour ressembler à une bête fauve, c'est de l'honneur, de la valeur et du courage; c'est un grand patriote. S'il raisonne l'ordre, et refuse, c'est un lâche. Mais on peut tout aussi bien admettre que, s'il obéit, c'est par crainte d'être puni pour infraction à la discipline, en sorte que ce serait alors de la lâcheté; tandis que celui qui résisterait, ferait preuve de courage et de patriotisme.

L'histoire est, du reste, pleine d'exemples : Jésus se laissa insulter et cracher au visage et fit remettre au fourreau l'épée qu'on tirait pour le venger. Fût-ce courage ou lâcheté? Cependant il sut mourir pour affirmer sa morale, et l'on peut dire qu'il s'est dévoué par patriotisme pour l'humanité. Or, l'humanité, prise collectivement, ne peut avoir qu'une patrie, la terre; et, alors, c'est comme si elle n'en avait pas. On peut juger, par là, ce qu'il y a d'absurde et de contradictoire dans ces mots, Patrie et Patriotisme.

Il y avait, à Rome, des esclaves que l'on faisait s'égorger entre eux, ou lutter avec des bêtes fauves, pour le plaisir des nobles Romains. C'étaient les Gladiateurs. Selon qu'ils se massacraient avec plus ou moins de férocité, et mettaient plus ou moins de rage, d'acharnement à la lutte, les spectateurs les jugeaient lâches ou courageux. Un jour, pourtant, l'un d'eux, Spartacus, refusa de se battre avec ses compagnons, se mit à leur tête, en réunit jusqu'à dix mille, et tenta de s'affranchir avec eux.

Celui-là eut du courage. Quant à ceux qui s'égorgeaient par ordre, ils ne faisaient preuve que de sottise et de lâcheté, comme ces victimes que les Grecs paraient de fleurs, et qui se laissaient paisiblement immoler sur l'autel d'une divinité quelconque.

Il y avait aussi, en Crète, un monstre, un tyran, qu'on appelait le Minotaure, à qui les Athéniens payaient chaque année un tribut en victimes humaines. Un jour le sort désigna Thésée, qui, au lieu de se soumettre, attaqua le Minotaure, le tua et affranchit son pays. En cela il fit preuve de courage. Quant à ceux qui se laissaient bêtement égorger, c'était de leur part ignorance et lâcheté.

Nous n'avons plus ces préjugés, mais nous en

avons bien d'autres. Ainsi, les soldats de tous pays n'ont-ils pas quelque analogie avec les Gladiateurs, et l'impôt du sang avec le tribut au Minotaure. C'est que nous avons encore Dieu, la Patrie, et autres minotaures qui continuent à nous dévorer, corps et âme, en toute sécurité, et parce que nous le voulons bien. Il n'est pas besoin de remonter bien haut dans l'histoire, pour en trouver un des plus beaux exemples.

HISTOIRE

Il était une fois deux Peuples ayant chacun un Roi. L'un de ces rois se nommait Louis, l'autre Guillaume. Chacun avait une armée de soldats à ses ordres.

Les deux peuples vivaient en paix, avaient de bonnes relations, échangeant leurs idées et les produits de leur travail. Avec la richesse, le bien-être arrivait peu à peu, et chacun sentait de jour en jour croître sa force et son indépendance. En raison de ces avantages, ils désiraient naturellement voir s'améliorer leurs institutions, s'étendre leurs libertés. Les demandes de réformes allaient bon train, et l'on pouvait presque compter les années au bout desquelles, par la force des choses, ils remercieraient leurs gouvernants et s'administreraient économiquement.

Les deux rois vivaient bien au milieu des plaisirs et du luxe, avec l'argent du peuple, et veillaient, ayant l'œil sur lui.

Les soldats mangeaient, buvaient, toujours avec l'argent du peuple, et faisaient l'exercice.

Guillaume, le premier, en homme supérieur, prévoyant, prescient comme Dieu, dont il se disait l'élu et le béni, tandis que Louis n'avait pour lui que la Providence, Guillaume ouvrit le feu. Négligeant les petits moyens, complot, émeute, il prit de suite le grand chemin.

Il s'entendit avec Louis, et lui promit des avantages, pour n'être pas dérangé dans la triste besogne qu'il allait entreprendre. Louis accepta sur parole et se tint tranquille. Puis, un camarade de bonne volonté s'étant offert pour l'aider, Guillaume et son collègue lâchèrent leurs soldats sur un tout petit peuple, qui n'en pouvait mais, et lui volèrent, par droit de conquête, un morceau de son territoire. Quand le camarade réclama sa part, Guillaume l'envoya poliment à tous les diables. Nouvelle guerre, encore bon nombre d'hommes abattus et de pays ruinés. Puis le béni de Dieu se reposa et se recueillit.

Cependant Louis réclamait ce qui lui avait été promis. Guillame faisait la sourde oreille. Louis comprit qu'il était dupé. L'affaire était véreuse; il n'osa rien dire, mit la chose en poche, et se retira, comme le renard de la fable, honteux et confus, se promettant de prendre sa revanche à première occasion.

Les peuples, eux, ignorants des intrigues de leurs pasteurs, continuaient à réclamer des réformes. Celui de Guillaume, assez endommagé, mais voyant son roi victorieux, n'osait trop élever la voix. Mais il n'en était pas ainsi du côté de Louis; n'obtenant rien, il commençait à gronder. Le prince voyant s'amonceler l'orage, et se sentant en force, essaya l'émeute; mais on vit la ficelle. Le peuple fit preuve de bon sens, et resta calme malgré toutes les excitations, attendant l'occasion de revendiquer ses droits.

Alors, bien décidé, cette fois, à occire, emprisonner, exiler les plus éclairés, le prince fit organiser un complot. Mais on vit que c'était encore de la farce. Les plus naïfs, même, s'en amusèrent. Décidément, il n'y avait pas moyen de rétablir l'ordre, non plus que de le troubler. La situation devenait difficile.

Dans sa détresse, ayant tourné les yeux vers son bon frère Guillaume, il le vit, à ce moment, presque aussi embarrassé que lui. Le danger les ayant rapprochés, ils oublièrent provisoirement leurs rancunes personnelles, et, d'un commun accord, résolurent, le péril étant extrême, de recourir au grand remède, la Guerre, et, cette fois, de l'administrer à forte dose. Il fallait, de toute nécessité, corriger ce peuple, celui de Louis, surtout, qui se montrait le plus intraitable, l'affaiblir, le ruiner autant que possible, et anéantir ainsi la liberté dans son germe.

Une fois ce but atteint, le vainqueur s'emparerait, pour la forme, et par droit de conquête, d'une ou deux provinces, qui, plus tard, serviraient encore de prétexte à une nouvelle guerre ; puis il tendrait la main au vaincu, et l'aiderait à se rasseoir sur son trône, et à maintenir l'ordre.

Ainsi raisonnèrent nos deux hommes, et ils tracèrent leurs plans en conséquence.

Il était facile, du reste, de prévoir ce qui arriverait. Car, du côté de Guillaume, tous les hommes valides, au nombre de deux millions, environ, étaient organisés et armés. Louis, n'avait, au contraire, que deux à trois cent mille soldats. Il avait laissé, jusqu'alors, le pays soigneusement dépourvu d'armes ; il avait même interdit la publication de livres dans lequel il était traité des forces militaires comparatives des deux nations. Car, si le peuple avait pu se rendre compte de son infériorité, il aurait mis certainement une opposition absolue à la guerre ; ou bien il aurait exigé d'être armé comme son voisin, ce qui eût été trop dangereux pour le pouvoir.

Il fut donc convenu que Guillaume trouverait un prétexte quelconque. Louis le prendrait à son adresse, déclarerait la guerre, et envahirait le territoire. Alors Guillaume appellerait tout son peuple aux armes, au nom de la Patrie en danger, et entrerait, par un autre point, sur le territoire de Louis. Après quelques batailles où chacun mettrait en avant les régiments et les chefs les moins dévoués à sa cause, l'armée de Louis, naturellement écrasée par le nombre, serait constituée prisonnière, et pourrait ainsi lui servir plus tard pour reprendre le pouvoir et maintenir l'ordre. Guillaume se chargeait du reste.

Donc, un beau jour, le prétexte survient. Louis et ses Ministres manifestent leur indignation. Un d'entre eux déclare que le pays est prêt à la lutte, bien qu'il soit sûr du contraire. Un autre fait entendre que la nation a été insultée dans la personne d'un diplomate, ce qu'il sait être faux. Quelques députés essaient vainement de protester. D'autres se laissent naïvement prendre au piège, et partagent l'indignation menteuse du gouvernement. Le reste, compromis ou intéressé ne dit rien. Bref la guerre est décrétée et déclarée.

Le peuple lui-même, qui, avec tant de prudence avait évité l'émeute et éventé le complot, n'eut pas le bon sens de voir le piège. Sans lui laisser, du reste, le temps de se reconnaître, aussitôt l'affaire lancée, on s'applique à exciter ses passions. Des journalistes payés prêchent la guerre, l'honneur du pays à sauver, l'insolence de l'ennemi à châtier, des territoires autrefois volés à reconquérir, etc. etc. Les chants patriotiques sont mis à l'ordre du jour. La gloire, la victoire, les lauriers, tous les pantins sont à leurs rôles. Une fois les esprits allumés, les cœurs enflammés de patriotisme, les citoyens le plus clairvoyants mis à l'index comme lâches, traîtres, ou espions, chacun des monarques se met à la queue de son armée, pour ne pas trop risquer sa peau. Et, hue! vilains, tâchez maintenant de vous en tirer!

Tout se passa d'abord comme il était convenu. Louis commença par épurer ses troupes, en faisant massacrer les mauvaises têtes, les régiments sur lesquels il pouvait le moins compter, ce dont il s'était d'avance assuré par un plébiscite, auquel il avait fait voter l'armée. Puis, vaincu, il se rendit avec une partie de ses soldats, et s'arrangea avec un de ses généraux le plus dévoués, pour que le reste eût le même sort.

Le peuple, se voyant alors livré sans défense, mais se retrouvant maître de lui-même, commença par déposer son prince, comme traître. Puis, voulant éviter un nouveau carnage et de nouvelles ruines, il proposa la paix. Mais ce n'était pas l'affaire de Guillaume. Car l'armée seule de Louis était endommagée; le peuple des travailleurs était intact, et c'était celui-là surtout qu'il voulait désorganiser et ruiner. Il posa donc à dessein des conditions inacceptables, prévoyant bien que le pays indigné allait se lever, se faire massacrer plutôt que d'y souscrire, et que commencerait alors la vraie lutte de pillage et d'extermination. Tout cela, d'ailleurs, rentrait dans son plan. Plus il tomberait d'hommes, plus on amoncellerait de ruines, plus faible serait chaque nation, plus fort le gouvernement pour en avoir raison. Puis, le peuple de Louis n'ayant pas d'armes, serait bien, en fin de compte, forcé de se soumettre. Alors Guillaume rappellerait son bon frère Louis, qui, une fois au pouvoir, emprisonnerait, déporterait tous les criards, et voilà l'ordre rétabli.

Cette fois encore, le peuple donna dans le piège, et ne comprit pas que le meilleur pour lui était d'accepter d'abord la paix, et ne pas se laisser détruire, sauf à se réorganiser ensuite.

Les choses se passèrent donc selon les désirs et les prévisions de Guillaume. Cependant la nation envahie fit des prodiges d'activité, trouva à force de travail et d'argent des armes pour continuer une résistance impossible et désastreuse. Enfin, après quelques mois d'une lutte acharnée, où resta des deux côtés une partie de la jeunesse, il fallut subir la paix.

Le peuple de Guillaume, appauvri d'hommes, menacé de famine et de misère, (tous les hommes valides étant soldats et n'ayant pas travaillé depuis plus d'un an), eut assez d'occupation à panser ses blessures, et remettre en ordre ses affaires, sans plus songer aux réformes et aux libertés.

Du côté de Louis, comme le peuple se trouvait en armes, et que le cas n'avait pas été prévu, le prince n'osa pas tenter de reprendre le pouvoir, et le pays essaya de s'organiser en République. Mais la situation était si mauvaise, il était tellement affaibli et dépourvu d'idées saines et de capitaux, qu'il eut toutes les peines du monde à s'y maintenir, et se trouve encore à chaque instant exposé à tomber sous le joug politique, à voir son indépendance reprise par des prétendants ou des intrigants, toujours prêts à abuser de son ignorance.

E finita la Comedia! Tirez le rideau, la farce est jouée! Résultat de la sottise du peuple et du machiavélisme de ses gouvernants! Et voilà, bon peuple, ce que tu faisais jadis au nom de ton Dieu et de la Religion, et ce que tu fais aujourd'hui au nom de ta Providence et de ta Patrie! Voilà ce qu'ils t'ont valu et te vaudront, tant que tu t'obstineras à vouloir conserver ces préjugés, ces chimères! Tant que le bon sens, la raison, ne viendront pas mettre le holà, et les expulser! Et maintenant, rame, sue, reprends ta chaîne, esclave! Adore ton Dieu, implore ta Providence, aime ta Patrie! Estime-toi seulement très heureux, si, après de telles aventures, tu échappes à la peste, à la famine! Il ne manque pas de champs incultes, de cadavres pourris au soleil. Si l'ordre naturel des choses, la plus simple justice t'envoient ces fléaux, tu crieras à la fatalité! S'ils te les épargnent, tu remercieras ton Dieu, la Providence! En tout cas, tu auras fait le possible pour les obtenir. Mais ouvre donc les yeux, aveugle : Ne vois-tu pas que ta fatalité, ton Dieu, ta Providence, c'est toi, et que tu es leur maître? Que l'un et l'autre sont la conséquence de tes actes, la résultante de ta raison et de ta volonté? Que, si tu le voulais, par le simple effort de ton bon sens, tu n'aurais plus ni Roi, ni Dieux, ni guerres, ni misère!

Examinons maintenant de quelle façon les gouvernements politiques ont jusqu'alors compris la gestion des services publics, et s'il n'y a rien à faire en ce sens.

Etant données les institutions, encore en vigueur, des régimes personnels, tous paraissent s'être inspirés de ces deux principes :

1° S'il le peuple s'enrichit et s'éclaire, il devient indépendant, et tend à s'affranchir de toute autorité, politique et religieuse.

2° S'il reste pauvre et ignorant, il reste en même temps soumis et assujetti au pouvoir gouvernemental.

Conclusion : Un gouvernement sera d'autant plus puissant que le peuple sera plus ignorant et misérable.

Pour la pratique, il est facile de déduire les conséquences :

1° Plus il y aura d'impôts, plus le peuple dépensera pour ses besoins moraux et matériels, moins il pourra économiser, s'enrichir et s'instruire.

2° Plus il y aura de services, utiles ou non, plus il faudra d'administrations et de fonctionnaires; et plus il y aura de matières imposables, plus il faudra d'employés pour opérer la perception.

3° En centralisant tout cela, payant, nommant, changeant à sa volonté les titulaires, le gouvernement aura sous la main un personnel choisi par lui, et d'autant plus dévoué qu'il sera mieux rétribué.

Les hommes politiques qui ont agi d'après ces principes, se sont donc appliqués à fonder des institutions, des privilèges et monopoles, à asseoir l'impôt, de telle façon, que la richesse s'accumule entre les mains du petit nombre, bourgeoisie et aristocratie, et échappe aux classes ouvrières. Il en résulte que l'autorité politique se trouve être soutenue par les classes dites dirigeantes et qu'un antagonisme, qui ne peut aller qu'en croissant, s'est élevé entre ces classes et celles des travailleurs.

En outre, ils ont imaginé un système de dettes nationales, et de valeurs industrielles, qui, au moyen de la Bourse, permet à la Bourgeoisie capitaliste d'absorber et utiliser à son profit les économies produites par le travail des classes ouvrières, et d'augmenter sans cesse son capital. Naturellement, plus nombreuses sont ces valeurs, et plus élevé le chiffre de la dette, plus elle en tire de dividendes et intérêts que le peuple est tenu de payer, soit par l'impôt, soit par la consommation. On assiste, ainsi, en France, par exemple, à ce spectacle étrange d'une nation, dont on peut évaluer rien que la fortune foncière et immobilière, à cent milliards, au moins, se prêtant à elle-même une vingtaine de milliards qu'elle pourrait rembourser du jour au lendemain. Et cela, simplement à l'effet de permettre aux rentiers et capitalistes de vivre dans l'oisiveté aux dépens de ceux qui travaillent pour leur payer leurs rentes et intérêts.

Cependant, pour donner quelque satisfaction au pays, et l'éloigner de l'idée de gouvernement personnel, ils lui ont abandonné le suffrage universel ; et le peuple a le droit de choisir des députés pour défendre ses intérêts auprès du gouvernement. Certes, cela vaut mieux que rien, et il n'est pas douteux qu'une fois le peuple instruit, et le mandat impératif réalisé dans la pratique, et sanctionné par la loi, le suffrage universel, intégral et non vicié par une seconde chambre, donnera des résultats sérieux et définitifs.

Quant à l'organisation, on commence par adjuger au prince ou président, un traitement de quelques centaines de mille francs, et lui adjoindre des Sénateurs, Maréchaux, Amiraux, Ministres, Diplomates, Maîtres de cérémonies, payés à raison de vingt à cent mille francs par tête.

Puis on a créé un Sénat inamovible, et choisi en dehors du suffrage universel, qui se trouve ainsi altéré.

Pour rendre la Justice, on multiplie Présidents, Cours, Tribunaux. On crée une armée de juges, magistrats, avoués, avocats, devant lesquels on passe de juridiction en juridiction, et qui vous renvoient de huitaine en quinzaine, pendant des années.

Puis il y a le papier timbré, sur lequel la loi défend sous peine d'amende d'écrire une ligne de plus, par page, que le nombre fixé! Comment des hommes sérieux peuvent-ils faire ou conserver de pareilles lois. Le résultat est naturellement que cette justice est lente, ruineuse et inabordable.

Pour l'instruction publique, on n'a pu encore arriver à en éliminer la Religion. Les programmes remontent au déluge. Et, quand on sort du lycée ou même d'une école supérieure, muni de toutes les connaissances qu'imposent les baccalauréats et les facultés, on n'est pas capable de gagner sa vie dans une fonction utile. En revanche, on est très fort sur le Catéchisme, le Grec, le Latin, l'Histoire Sainte, et autres connaissances théoriques et littéraires plus ou moins intéressantes.

A l'instruction on a joint les cultes. Et la suppression du budget des cultes, et des subventions à l'Eglise, même la simple gestion par l'Etat, du Culte, comme service public, sont encore des utopies. Et le Gouvernement trouve ainsi moyen de faire payer le Clergé par ceux mêmes qui refusent ses services, et n'ont nul souci de Dieu ni de Religion. C'est pour le moins immoral.

Cette immoralité préside, du reste, à nombre d'institutions. Ainsi le Gouvernement subventionne les théâtres. L'Opéra, par exemple reçoit annuellement environ huit cent mille francs, dont une partie, si minime qu'elle soit, se trouve payée, sous forme d'impôts, par des paysans et ouvriers qui ne soupçonnent même pas ce que c'est qu'un opéra; et ce, pendant que des bourgeois riches à millions en profitent. Cela devient odieux.

Pour l'ordre à l'intérieur, on a fait avec la gendarmerie et la police, des agents politiques et électoraux, placés ainsi dans une situation très difficile, entre la population, d'une part, dont ils sont chargés d'assurer la sécurité, et le gouvernement de l'autre, qui s'en sert à l'occasion pour défendre des intérêts de partis, ou purement politiques. En outre, des traitements vraiment dérisoires, rendent le recrutement très difficile, et font de ces fonctions un service public d'ordre inférieur, tandis qu'en réalité elles devraient être très considérées.

Quant aux finances et à l'impôt, c'est une véritable débauche : contributions directes, indirectes, personnelles, mobilières, foncières, portes et fenêtres, patentes, régie, douanes, octrois, postes, télégraphes, enregistrement, timbres, hypothèques, contrôle, cour des comptes, etc., etc. Et quelle carte à payer! Liste civile, dotations aux grands pouvoirs, sénateurs, maréchaux, amiraux, généraux, ministres, gouverneurs, directeurs, inspecteurs, contrôleurs, vérificateurs, employés et commis ; puis pensions, décorations, subventions, fonds secrets, frais imprévus de toutes sortes!

Certes, il n'est pas étonnant, après cela, que l'on paye quinze centimes le port d'une lettre qui n'en coûte pas cinq; cinquante centimes à un franc cinquante une feuille de papier timbré qui vaut bien un centime; que la garantie des contrats, les mutations par ventes, échanges, décès, soient tarifées des prix exorbitants; que tant de charges soient établies sur la propriété, la justice, l'industrie, le commerce : vins, tabac, liqueurs, sel, café, etc. etc., jusqu'aux allumettes! C'est inouï de la part d'une chambre et de députés choisis parmi l'élite de la population; et il est vraiment inconcevable qu'il ne s'en trouve pas qui menacent d'en appeler immédiatement à leurs électeurs, si l'on s'obstine à ne pas vouloir sortir de ces errements ridicules.

En somme, en dehors des vices de constitution, il y a peu de chose à dire du fonctionnement; et il faut reconnaître que postes télégraphes, écoles, lycées, ponts et chaussées, forêts, enregistrement, hypothèques, finances, fonctionnent d'une façon correcte. Si l'on ne s'évertuait à conserver le système actuel d'impôts, et si les fonctionnaires étaient nommés et rétribués d'une manière plus équitable et rationnelle, ce serait irréprochable. Le cas est intéressant à constater en ce qu'il montre que l'Etat est apte à rendre et gérer tous les services publics.

La conclusion à tirer de ce qui vient d'être dit de la politique gouvernementale, c'est qu'elle n'a donné, dans l'ordre matériel, comme la Religion dans l'ordre moral, que des résultats négatifs, au point de vue du bien-être général et du progrès social. Elle a laissé se créer et se développer, par le favoritisme, le monopole et le privilège, l'opulence d'une part, et la misère de l'autre, entretenant ainsi l'état de guerre et de lutte individuelle pour l'existence. Elle doit donc disparaître pour faire place à l'économie sociale, à l'Etat républicain, c'est-à-dire à la gestion directe par le pays des affaires publiques.

Il est évident, pour tout homme de bon sens et de bonne foi, que, si l'on veut appliquer un titre, une enseigne, une forme, à cette gestion, ce ne peut être que : République, qui signifie administration de la chose publique. Mais République n'est qu'un mot. Si les institutions des autres régimes n'y sont pas modifiées, ce n'est pas la peine de changer l'étiquette. Il serait même préférable d'avoir une monarchie comme enseigne, avec le programme de Belleville comme base des institutions, plutôt qu'une République avec une constitution royale ou impériale.

République appelle l'idée d'administration ; non de gouvernement, et doit être une forme essentiellement modifiable, pure de tout pouvoir gouvernemental, et n'ayant d'autre autorité que celle du suffrage universel, du Contrat social, de la Loi.

Le peuple ne doit plus compter sur des hommes ; ils sont tous à peu près les mêmes. Que ce soit Pierre, Paul, ou Jacques, qu'il mette à la tête des affaires, on peut tenir pour certain qu'ils abuseront autant que possible de leur autorité pour se faire des rentes s'ils aiment l'argent et les plaisirs, ou pour en tirer des honneurs, s'ils aiment la gloire et la vanité.

Il y a des siècles que l'humanité vise les hommes, au lieu de viser les institutions, et tourne toujours dans le même cercle vicieux, religieux ou politique. Aujourd'hui encore, on voit le peuple mettre sa confiance dans les premiers intrigants venus, beaux parleurs, avec phrases creuses, aux périodes sonores et emphatiques, aussi dépourvus de bon sens que de sens moral et pratique, qui arrivent à leur but en jurant de tenir un programme dont ils se moquent effrontément plus tard. Et il se trouve quand même des électeurs pour donner leurs suffrages à ces hâbleurs ! Il est triste, en tout cas, pour les gens honnêtes et sincères, et pour un pays comme la France, de se voir ainsi représentés.

Il y a, pourtant, une chose bien simple à faire ; c'est d'exiger, vis-à-vis de comités élus, l'acceptation d'un programme, et un contrat écrit et signé ; puis de le faire sanctionner par la loi. De façon que si le mandataire revient sur ses engagements, il n'aura qu'à se démettre de son mandat, ou bien il tombera sous le coup de la loi et sera puni.

TROISIÈME PARTIE

SOCIALISME

*Monsieur de ***, député,*

Le 17 décembre 1882, au cours de la discussion sur le budget des Chemins de fer de l'Etat, vous avez dit : « Je n'ai pas voulu, jusqu'alors, prononcer le gros mot de Socialisme d'État, parce que je trouve inutile d'apporter dans la discussion des éléments irritants. Mais, avec l'exploitation des Chemins de fer par l'Etat, vous faites un premier pas vers le Socialisme d'Etat. Cela est incontestable. Quant à moi, j'en suis un adversaire résolu, parce qu'en entrant dans cette voie, on sait bien par où l'on commence, mais on ne peut calculer jusqu'où l'on peut aller. »

Il m'a semblé, Monsieur, d'après ces paroles, que vous étiez bien imparfaitement éclairé sur le sujet. Et les appréhensions que vous avez manifestées n'ayant aucune raison d'être, je vous dédie la troisième partie de ce petit livre. Je pense que vous y trouverez les éléments utiles pour vous rendre compte exact de la question et calmer vos inquiétudes sur l'avenir.

Par Socialisme d'Etat, vous entendez, je suppose, la gestion par l'Etat des services publics au profit de la collectivité, la socialisation, sous la direction et la garantie de l'Etat, des forces économiques et productrices du pays.

J'aurais désiré connaître les objections que vous pouviez présenter. Comme vous n'en avez rien dit, je m'en tiendrai aux considérations générales. Vous êtes homme intelligent et de bonne foi, de plus, financier distingué et nul doute que vos craintes soient bientôt dissipées et que vous deveniez, non plus un adversaire, mais un partisan résolu du Socialisme d'Etat.

Ce socialisme existe déjà, assez incomplet, il est vrai, pour les finances, la caisse des dépôts et consignations, l'enregistrement, les caisses d'épargne et des écoles, les postes, les télégraphes, les ponts et chaussées, l'armée, les chemins de fer, la fabrication des armes, des tabacs, de la poudre. la construction des navires, les manufactures des Gobelins, de Sèvres, etc., etc.

Or, je cherche vainement à quels résultats effrayants cela peut bien nous conduire. Je vois que ces services fonctionnent bien; et, sauf les réformes à opérer au point de vue de l'impôt, du mode de nomination des fonctionnairss, de la rétribution insuffisante ou exagérée des fonctions, de l'installation des services, il n'y a rien à dire.

En tout cas, personne ne s'en plaint autrement qu'en raison de ces détails, auxquels il est facile de remédier, et je ne vois, en conséquence, dans l'avenir, que des améliorations et des avantages à en obtenir.

Que sont, en réalité, des institutions de crédit et d'assurances, telles que la Banque de France, le Crédit Foncier, la Banque d'Escompte, les Foncières Vie et Incendie, sinon du Socialisme d'Etat, dans lequel l'Etat est remplacé par des actionnaires et un conseil d'administration?

Les gouverneurs et sous gouverneurs de la Banque de France et du Crédit Foncier sont même nommés par le gouvernement. Que voulez-vous que le public ait à redouter de ce régime? Il n'attend qu'une chose, que le pays devienne propriétaire de tels établissements, à la place des actionnaires, et l'Etat gérant, à seule fin qu'il n'y ait plus de dividendes particuliers à payer, et que l'escompte, les prêts, les primes d'assurances, le loyer et l'intérêt du capital soient ramenés au juste prix.

Prenons, si vous voulez, une maison de commrece, le Printemps, par exemple. Il vient d'être organisé en Société par actions. N'est-ce pas là encore du socialisme, simplement individuel au lieu d'être du socialisme d'Etat ? Supposez que l'Etat l'ait racheté, ou créé, et le gère. Où serait la différence avec l'organisation actuelle, si ce n'est que l'Etat, n'ayant pas de bénéfices à faire, mais seulement des fonctions à rétribuer, les produits seraient vendus à prix de revient, en ne tenant compte que des frais de production et d'administration ?

Et la propriété foncière et immobilière ! Supposez l'Etat propriétaire de la ville de Paris ! Où serait le mal ? Les propriétaires actuels n'auraient pas à se plaindre, puisqu'ils seraient indemnisés et désintéressés. Du reste, pour la plupart, qui possèdent déjà des fortunes colossales, le fait n'aurait qu'une importance secondaire. La propriété bâtie et non bâtie, louée à Paris, rapporte 750 millions par an ; ce n'est même pas le dixième du revenu annuel de la France. Ce serait, en vérité peu de chose, pour MM. de R... ou L... de se voir racheter les 200 ou 300 immeubles que chacun possède à Paris ! Et que peut faire le rachat de quelques maisons à Mme F... qui possède 3 millions de rentes sur l'Etat, soit en capital 60 millions. Mais, d'autre part, quelles charges de moins, et quelle richesse de plus pour le public, lorsqu'on songe que nombre de maisons des boulevards et des grandes voies, rapportent chacune au minimum 100 mille francs net, par an, à leurs propriétaires ? Jugez par là, des avantages qui en résulteraient au point de vue de la richesse et de l'économie publiques, chacun, en France, se trouvant être en même temps, propriétaire du tout et locataire de la partie.

Il n'est donc pas douteux que vous rendrez à l'évidence et reconnaître la supériorité du Socialisme d'Etat sur tout autre organisation. Ce n'est certes pas l'intérêt personnel qui a pu vous en faire parler comme vous l'avez fait. Votre situation de fortune, votre caractère, rendent inadmissible une pareille supposition, et il est évident que vous envisagez les choses d'une façon plus large et plus généreuse.

D'ailleurs, vous auriez beaucoup à gagner à l'expropriation par voie de rachat ou d'indemnité, et à la gestion par l'Etat des institutions de crédit et d'assurances. D'abord, il faut bien admettre, que, cela étant, aucune société de ce genre ne pourrait résister en concurrence; et le voulût-elle, elle n'aurait guère que des pertes à recueillir.

Or, n'avez-vous pas les aptitudes, les connaissances utiles, pour remplir même l'une des premières fonctions dans l'Etat? Et la plupart des administrateurs des grandes sociétés financières ne pourraient-ils aussi lui apporter leur concours en raison de leur capacité et de leur talent?

Ils y gagneraient, en tout cas, de ne plus voir leurs propres valeurs livrées parfois à des spéculations déloyales, à des coups de Bourse qu'ils ne peuvent empêcher, et que, souvent, le public ignorant les accuse bien à tort de commettre ou de favoriser. De son côté, ce public ne serait plus exposé à payer 1,200 francs par exemple, des actions de telle Banque d'escompte, descendues ensuite à 500 francs et 800 francs des actions de telle compagnie d'assurances, ramenées depuis à 400 francs. Tous y trouveraient donc des avantages moraux et matériels incalculables.

Vous pensez que l'on ne peut parler Socialisme sans apporter dans la discussion des éléments irritants. En Religion, en Politique, c'est possible; l'une et l'autre sont affaire de sentiments, et de personnes. Même, dans l'économie actuelle, on peut l'admettre, car il n'y a guère que des intérêts individuels en présence. Mais, en Socialisme, il n'y a plus de sentiments, de personnes, ni d'intérêts privés, mais seulement l'intérêt général. Le Socialisme, comme toute science, procède par la raison, l'observation et l'expérience. Il s'agit donc simplement d'expérimenter la gestion par l'Etat de la Banque, des Chemins de fer, etc. etc., et d'observer, si, toute question d'impôt écartée, l'Etat est apte à rendre ces services le mieux et le plus économiquement possible, dans l'intérêt général. Il faudrait vraiment y mettre beaucoup de mauvaise volonté pour trouver en cela le moindre élément irritant.

Vous voyez donc bien, Monsieur, que vos craintes ne sont pas fondées, et vous reconnaîtrez bientôt, sans doute, où le Socialisme d'Etat peut nous conduire, soit à l'organisation rationnelle du travail, de la production, et de l'échange, à l'anéantissement de la spéculation, de l'agiotage, de la misère, et de tous les méfaits qu'ils engendrent; à la répartition régulière et normale de la richesse publique; en un mot à un véritable âge d'or, à la place du Chaos, de l'Enfer qui existent aujourd'hui.

Alors aussi, au lieu de résister au mouvement qui entraîne la France et l'Europe, avant de s'étendre à l'humanité, vous vous mettrez résolument à sa tête. Toutes les intelligences et les énergies pourront être utilisées dans l'ordre économique et social qui se prépare, et vous y trouverez, tout en voyant augmenter votre richesse, la satisfaction d'avoir travaillé au bien-être général, et l'estime et la reconnaissance de tous les hommes sincères, honnêtes et généreux!

COLLECTIVITÉ

Tout homme a la faculté de penser, se mouvoir, agir et produire. Cette faculté constitue la *force individuelle*.

Si plusieurs individus se groupent et forment une société, la résultante de leurs forces sera une nouvelle force, synthétique, toujours une, mais spéciale, et supérieure en rendement, à la force individuelle. Cette résultante, ou faculté du groupe, constitue la *force collective*.

On peut avoir une idée de la force collective sociale, en la comparant à une pile électrique composée de 2, puis 10, 20, 100 éléments. Chacun des éléments ajoutés vient augmenter la puissance de la pile, la nature de l'électricité restant la même, mais la force étant centuplée.

La force collective sociale apparaît clairement, par exemple, dans une armée, l'équipage d'un navire, une association industrielle, commerciale ou financière, un chantiers d'ouvriers pour la construction d'un édifice, un orchestre, etc. etc. Dans chacune de ces collectivités, ni la division du travail, ni la diversité des fonctions ne nuisent à l'unité de l'action, tout en lui donnant un caractère spécial et une plus grande puissance.

La Société des Jésuites offre un exemple très remarquable de la force collective. Grâce à cette force et au concours du Catholicisme, autre collectivité; malgré les doctrines d'une moralité douteuse sur lesquelles ils s'appuient, et les procédés inavouables qu'ils mettent en œuvre; malgré l'annihilation complète de toute liberté morale et matérielle de l'individu qui est vis-à-vis de son supérieur, un instrument passif, *perinde ac cadaver;* les Jésuites sont arrivés à tenir en échec l'Etat et tout le monde moderne; n'ayant pas de patrie, possédant partout, en France, aux Colonies, à l'étranger, des maisons de Banque, d'industrie, d'instruction, des comptoirs commerciaux, gérés par les membres de l'association, c'est, sans contredit, la Société collective la plus puissante, et le plus savamment organisée qui existe.

Si plusieurs groupes ayant des intérêts communs et identiques se forment en vue d'augmenter la force de chaque groupe pris séparément, leur réunion constitue une *Collectivité.* Plusieurs Collectivités réunies sous la même Loi formeront la Commune, et la réunion de plusieurs Communes constituera l'Etat ou République.

On appelle *Collectivisme* l'ensemble des recherches, études, voies et moyens, propres à réaliser dans la pratique l'*Etat républicain* par l'appropriation collective de la richesse.

Dans un sens plus large, le Socialisme recherche et étudie les voies et moyens propres à créer et organiser l'Ordre et la Justice dans la société, embrassant ainsi toute l'Humanité, sans distinction de races, couleurs, castes, partis ou nationalités.

Vivre, produire et échanger les produits; garantir à chaque membre du groupe l'existence, en échange de la fonction qu'il pourra remplir; acquérir le plus de richesse sociale possible, et la répartir selon la *Justice;* tel est le but que poursuit le Collectivisme.

L'organisation des fonctions, dans le Collectivisme, repose sur l'économie sociale, ou Science du travail, de la production et de l'échange.

Comme toute société, tout ordre, supposent une direction, le suffrage universel et intégral étant, en République, la base des institutions, cette direction, ce pouvoir se trouvent appartenir à tout le monde, c'est-à-dire à personne. La *Justice* sera donc l'émanation directe de la raison, de la conscience universelles. Le pouvoir social résidera dans les rapports des fonctions, et la Solidarité des groupes, réglés par la Justice.

L'économie sociale ayant pour objet d'ajouter sans cesse à la puissance humaine et à sa richesse, par une production supérieure de force au moyen de la collectivité; la sincérité des relations, la répartition équitable de la richesse étant réglées et garanties par la Justice; la Justice est donc la seule et unique Loi, et tout pouvoir étranger devient inutile.

La Religion n'a plus, dès lors, aucune raison d'être, et se trouve éliminée par la morale et la science.

La Politique disparaît de même, éliminée par la Justice et l'Economie Sociale. Théocratie, Monarchie, Démocratie, Royauté, Empire, Parlementarisme, division de Pouvoir, sont des non-sens, des absurdités dans l'Etat républicain. Gouvernement devient administration. Il n'y a plus que des mandats, des fonctions.

En Politique, la Justice est subordonnée au Pouvoir. Elle relève de lui, et disparaît devant la raison d'Etat. En République, la Justice est souveraine; c'est en elle que réside le Pouvoir.

La Politique a pu avoir son utilité, sa nécessité même. Elle l'a encore dans les conditions sociales actuelles. Mais elle n'est plus que l'art impuissant de maintenir un ordre factice dans une Société où toutes les lois économiques sont méconnues et bouleversées, où le pot-de-vin, le cumul, la vénalité, sont à l'ordre du jour; où la guerre, la fraude, le vol, sont érigés en principes, et autorisés sous les noms de Concurrence, Agio, et Bénéfice; où les consciences sont dévoyées, l'équilibre rompu, les forces collectives anéanties par le privilège, le monopole, la lutte individuelle pour l'existence.

L'Humanité tout entière est encore en proie à l'anarchie religieuse, politique et sociale. La France même, malgré les Révolutions de 1789, 1830, 1848, 1871, n'a pu sortir du chaos, du désordre, dans lesquels l'a jetée l'appropriation individuelle de la richesse cause de tout le mal.

La Convention, ne soupçonnant pas la Justice comme émanation de la Conscience publique, du suffrage universel, avait cru suffisant de décréter la liberté économique individuelle, et d'abolir le régime corporatif, avec les privilèges des maîtrises, jurandes, et toute la hiérarchie féodale.

Elle avait cependant entrevu la force collective. La Centralisation administrative, l'unité des poids et mesures, la création d'écoles centrales, la Banque de France, en furent les conséquences. Depuis, le mouvement s'est étendu aux Postes, aux Télégraphes, à l'Armée, aux Sociétés industrielles et commerciales. Les chemins de fer attendent leur exploitation par l'Etat, et leur transformation en compagnies ouvrières.

Par le groupement des forces individuelles dans la collectivité, une société, une nation entière, forment corps; elles deviennent un être réel, supérieur, vivant de sa vie, de son mouvement propres; l'individu relève de cette puissance formidable, et ne pourrait que perdre à vouloir en sortir.

Chacun pour tous, tous pour chacun! telle est la devise généreuse du Collectivisme, remplaçant cette maxime égoïste: Chacun pour soi, Dieu pour tous! Dieu, c'est-à-dire le hasard, la fatalité, la guerre, le mal.

Par la fédération, et les rapports des groupes, l'ordre dans la liberté se trouve réalisé. L'Egalité et la Fraternité sont résolues dans la Solidarité. La Charité privée n'a plus raison d'être; l'Assistance Publique devient Assurance mutuelle garantie par la Collectivité et réglée par l'Etat.

La Solidarité universelle, la Fédération humaine, sont la plus haute expression de la force collective. C'est le triomphe de la Paix et de la Justice. En effet, l'équilibre économique organisé, toute concurrence, toute guerre sociale disparaissent. Il ne reste plus de forces pour les soutenir. C'est le Néant en présence de la Réalité.

En somme, et malgré les clameurs des ignorants à l'esprit et au cœur étroits, qui ne comprennent pas ou ne veulent pas comprendre; malgré les colères et les anathèmes des intrigants, égoïstes, et intéressés, qui comprennent trop, le Collectivisme résume et réalise les aspirations et les conceptions les plus élevées, les plus nobles, les plus généreuses, que l'homme puisse avoir de la Justice, de la Famille, de la Propriété; ou, pour parler le langage symbolique et métaphysique, de Dieu et de la Patrie.

En effet, en même temps qu'il laisse à l'individu toute liberté d'avoir religion, famille et propriété, à condition d'en supporter les devoirs et les charges, il offre à tous, sans distinction, éducation, instruction, travail, et bien-être. Il est naturel, logique, inévitable, que, dans ces conditions de richesse et d'équilibre, la Patrie s'étende, par la Fédération, à l'Humanité tout entière, et que se trouve ainsi réalisée la Paix universelle.

ÉCONOMIE SOCIALE

L'homme, nous enseigne la Religion, est une créature raisonnable, composée d'une âme et d'un corps, et faite à l'image de Dieu.

Le mot : Dieu, ne représentant qu'une forme théorique et imaginaire, étant une création de notre esprit, il est plus conforme au bon sens de s'en tenir à cette définition : L'homme est un être formé d'esprit et de matière, capable d'intelligence et de liberté.

Que lui faut-il pour conserver l'Etre, en un mot, vivre? Nourrir son corps et son esprit des aliments utiles.

Comme, faute d'entretenir le corps, il meurt, et qu'il n'est nullement démontré que l'esprit lui survit, l'entretien du corps doit être classé en première ligne. Se nourrir, se vêtir, se loger, telles sont donc les premières nécessités de la vie, celles qui doivent occuper la place principale dans l'économie individuelle et sociale. En seconde ligne viendront l'ordre, la justice; puis la science, l'instruction; et enfin l'art, qui est le luxe de l'existence.

Comment l'homme peut-il se procurer les aliments nécessaires à la vie? Par le travail.

Travail; telle est donc la base de la vie, le *sine quâ non* de l'existence, la *Loi*.

Par travail, on entend l'acte en vertu duquel l'homme produit quelque chose.

Quels sont les moyens d'exécution? Les forces physiques et intellectuelles de l'homme et les machines que son intelligence à créées pour abréger et épargner la peine.

Le travail, ainsi que son produit, peut être nécessaire, utile, agréable ou inutile, et même nuisible.

Le produit du travail a une valeur. L'accumulation de plusieurs valeurs se nomme Capital. Ainsi la charrue, le champ, l'argent, les outils, les machines, les vêtements, les provisions, en un mot tout ce qui existe sur la terre, provenant du travail, représentent des capitaux.

Comme les besoins de l'homme sont multiples, et qu'un seul individu ne saurait produire tout ce qui lui sert a se nourrir, se vêtir, se loger, s'instruire, il en résulte la division du travail en diverses branches, industrielles, commerciales, scientifiques, artistiques, etc.

Le travail, ainsi divisé, appelle l'échange; et, comme cet échange ne pourrait s'effectuer facilement en nature, on a adopté un produit de convention, pouvant représenter toutes les valeurs; c'est la monnaie.

L'échange se trouve constitué, dans l'ordre actuel, par la vente et l'achat, et, généralisé, devient la circulation.

De la liberté de l'échange résulte la concurrence, dont l'effet est d'établir un prix, une valeur de produit, valeur de convention, basée sur l'offre et la demande, c'est-à-dire sur l'accord entre l'acheteur et le vendeur.

Outre la monnaie, or, argent, cuivre, on a adopté, pour faciliter l'échange, le billet de banque, ou papier-monnaie émis par une maison de banque, et garanti par les capitaux de cette maison.

Lorsqu'une personne, une Société, veulent entreprendre un travail pour lequel elles n'ont pas les capitaux suffisantes, elles ont recours au Crédit, si elles offrent des garanties par ceux qu'elles possèdent déjà, et par leur probité.

Le crédit est donc l'acte en vertu duquel une personne ou une société peuvent obtenir des capitaux remboursables dans un délai quelconque, moyennant un salaire, ou intérêt.

Tels sont les faits élémentaires qui forment le point de départ de l'économie sociale, ou science du travail et de son organisation.

Jetons maintenant un coup d'œil sur l'histoire.

Lorsque la société n'existe que dans la famille ou la tribu, chacun fabrique à peu prés ce qui est nécessaire à son entretien. L'échange existe à peine, et s'il a lieu, se fait en nature.

La tribu devient peuplade, avec un juge ou roi, et se divise en guerriers, bergers, laboureurs, artisans, marchands et esclaces. Le travail, vu l'absence des machines, étant répugnant et pénible, c'est l'esclave qui broie le blé entre les pierres, porte les lourds fardeaux, monte l'eau des puits, etc.

La peuplade devient peuple. Les besoins sont plus nombreux ; les fonctions se dédoublent. Il faut augmenter surtout le nombre des esclaves. On voit, par exemple, à Rome, 20,000 citoyens libres entretenir 400,000 esclaves.

L'esclavage, aboli peu à peu à la suite de révolutions successives, devient le servage. C'est le régime féodal. Le serf ne peut encore avoir de propriété, et tient seulement du Seigneur, une portion de terre pour sa résistance. L'ouvrier, dans les bourgades et les villes, commence à former des groupes ; mais il est soumis aux lois des maîtrises, jurandes, et corporations privilégiées.

Comme, d'une part, les Seigneurs et la Noblesse se font un devoir de s'occuper seulement de guerre et de religion ; jugeant même indigne d'eux de savoir lire et écrire ; comme, d'autre part, le travail est resté l'apanage du peuple, celui-ci se trouve tout naturellement un jour le plus puissant. Et, malgré la politique, qui, par le monopole et le privilège, entrave l'extension de l'industrie et du commerce ; malgré la religion, qui, de son côté, s'épuise à arrêter le développement de la science ; vient le moment logique, fatal, où l'autorité, représentée par la politique et la religion, est débordée. La Révolution de 1789 éclate, inscrit en tête de son programme : A bas noblesse et privilèges ! Liberté, Egalité, Fraternité ! et proclame les droits de l'homme et du citoyen.

Depuis, le travail, la production, l'industrie, le commerce, se sont développés en pleine anarchie, n'ayant d'autre régulateur, d'autre criterium, que la concurrence, l'offre et la demande, le besoin.

Dans toutes ces évolutions de l'économie sociale, quel rôle ont joué la Politique et la Religion ?

1° D'un côté, la politique n'a fait qu'empêcher par le monopole, le privilège et la protection, l'organisation du travail matériel, de l'industrie et du commerce.

2° De l'autre, la religion s'est toujours opposé par tous les moyens possibles, même la torture, au développement du travail intellectuel, de la science.

3° A dater du moment, où le travail a pu se soustraire à leur autorité, le peuple a plus fait en un siècle pour le développement de la richesse et du progrès, même en anarchie, que la politique et la religion n'avaient fait pendant des milliers d'années.

4° Si le travail, au lieu d'être livré à l'individualité, avait été organisé et socialisé, nous ne verrions pas aujourd'hui toute la richesse produite accumulée dans quelques mains seulement, et menaçant de reconstituer la féodalité à tous les points de vue : agricole, industriel, financier, commercial et scientifique.

C'est donc le devoir de tout homme de cœur et de bon sens, de rechercher par quels moyens on peut arrêter le mal déjà fait, et des errements qui ne peuvent qu'aboutir à des catastrophes.

CONTE

Il était une fois un peuple, ou colonie, occupant un territoire de 5 millions d'hectares, et comptant 3 millions d'individus, hommes, femmes et enfants, qui produisaient à peu près tout ce qui était nécessaire à leur existence.

Parmi les hommes valides et capables de travail, au nombre de 1,200 mille environ, les uns étaient cultivateurs et ouvriers, les autres industriels, commerçants, fonctionnaires, savants, artistes et rentiers.

Ils vivaient en république. Comme la plupart se souciaient peu de religion, ils n'avaient pas de budget des cultes qui, libres, étaient payés par ceux qui s'en servaient.

Le pays comprenait 3,000 communes, dont une ville capitale avec 200 mille habitants.

Il n'y avait pas de sénateurs, et l'on s'en passait fort bien. Tous les ans, dans les communes, les électeurs nommaient au suffrage le conseil communal, et les juges. Ils désignaient de même chaque année, les députés au suffrage universel.

N'étaient électeurs que les citoyens pouvant justifier au moins du diplôme de l'instruction primaire.

Les conseillers municipaux choisissaient leur maire.

Les députés choisissaient parmi eux leur président, ainsi que le chef de la République et les ministres préposés à la défense nationale, à la justice, à l'instruction, et aux finances, comprenant l'impôt.

L'instruction était divisée en trois degrés : primaire, secondaire et supérieur avec des écoles, collèges et facultés. Elle était purement scientifique et professionnelle.

La défense nationale reposait sur un corps formé des jeunes gens de 20 à 25 ans. En cas de guerre, tous les hommes valides étaient appelés.

L'impôt était établi à raison de tant pour cent sur la fortune ou les revenus, classés en cinq catégories : de 2,000, 5,000, 10,000, 20,000, 50,000 francs et au-dessus. Aux finances était joint l'enregistrement des actes et contrats notariés et sous-seings privés.

L'ordre à l'intérieur et la police étaient réglés par l'État et les communes, sur un mode uniformément adopté.

Tous les fonctionnaires avaient des traitements fixes. Ils étaient admis seulement après examen de capacité, et investis de leurs fonctions par le ministre de la section dont ils relevaient, sur la désignation et au choix de leurs collègues de la même classe.

Parmi les 1,200 mille citoyens valides et capables de travail, 100 mille seulement étaient rentiers, vivant des revenus de leurs capitaux. Ils possédaient :

1° Un capital de 25 millions prêtés à la Colonie.

2° Diverses lignes de chemins de fer qu'ils exploitaient, pour le transport des personnes et des marchandises.

3° Une administration pour l'établissement et l'entretien des routes, chemins, canaux, ponts et chaussées.

4° Un hôtel et des bureaux de poste et télégraphe, pour le service des lettres et dépêches.

5° Une maison de Banque et des succursales, où les industriels, les commerçants, escomptaient leurs valeurs, et trouvaient, moyennant garanties et intérêts, le crédit et l'argent dont ils pouvaient avoir besoin pour leurs transactions.

6° Une compagnie d'assurances contre l'Incendie, qui, tout en garantissant mutuellement leurs capitaux mobiliers, assurait en même temps, moyennant primes, le matériel, les outils et capitaux des travailleurs.

7° Enfin le territoire de 5 millions d'hectares, et les immeubles, et locaux de toute nature qui s'y trouvaient.

Toutes ces valeurs étaient représentées par des titres, actions et obligations, qu'ils achetaient, vendaient, échangeaient entre eux, par le ministère d'agents de change ou de notaires, dans un établissement spécial qu'ils appelaient la Bourse.

Après de nombreuses années, les 1,100 mille travailleurs se trouvèrent posséder, les uns plus, les autres moins, des économies que l'on pouvait évaluer à 25 millions environ, en dehors de leurs capitaux industriels.

Comme les 100 mille rentiers recevaient d'eux, chaque année, 5 à 6 millions, pour intérêt de la dette publique, loyers de la propriété, bénéfices sur chemins de fer, postes, télégraphes, ponts, chaussées, banque et assurances, les plus avisés des travailleurs cherchèrent à se libérer de cette situation.

Chacun ayant donc été invité à étudier la chose, on prit l'initiative de réunions publiques ; des comités furent institués, et lorsque les avis furent exprimés, quelqu'un les résuma en ces termes : « Si j'ai bien saisi l'opinion générale, nous sommes tous d'accord sur ce point, que la première chose à faire est de rembourser la dette, qui nous coûte chaque année 1,250 mille francs d'intérêts à 5 0/0, plus les frais. Nous pourrions donc la liquider avec nos 25 millions d'économies. Mais je pense qu'il serait préférable de racheter d'abord la Banque, dont nous conserverons le personnel et le fonctionnement. Si les rentiers s'y refusent, comme elle n'a de valeur que par nous, et que nous sommes 1,100 mille contre 100 mille, nous l'exproprierons pour cause d'intérêt public. Ils pourront, s'ils le veulent, faire partie de notre association, et devenir même fonctionnaires et administrateurs ; seulement nous leur donnerons des traitements fixes pour travailler au lieu de dividendes pour ne rien faire.

« La Banque rachetée, rien ne s'oppose à ce que nous émettions par elle des billets de Banque pour payer la dette. En dehors de nos 25 millions d'économies, nous avons au moins pour 200 millions de capitaux agricoles et industriels. Comme ces billets auront pour garantie tous nos capitaux, ils seront donc une valeur de premier ordre.

« Nous suivrons l'effet produit sur les affaires par cette émission, et, comme aucun inconvénient, en somme, ne saurait en résulter, dès que la situation sera reconnue normale, nous rachèterons de même, ou exproprierons, au moyen d'émissions successives, les chemins de fer, postes, télégraphes, ponts, chaussées, et enfin le sol et les immeubles.

« Nous aurons ainsi, pour nous, pour la collectivité, c'est-à-dire pour toute la colonie, les intérêts, loyers, bénéfices, dividendes, que nous servons chaque année aux rentiers, et nous aviserons à l'usage que nous pourrons en faire.

« Donnons donc à nos députés un mandat spécial pour mener la chose à bonne fin, et nous rendre compte des résultats. »

La proposition fut trouvée logique, approuvée et

adoptée. Les rentiers protestèrent. Il fallut exproprier, et une commission fut nommée pour évaluer le montant des indemnités. La Banque se trouva ainsi propriété de la colonie, et gérée par l'Etat. Quelques-uns des rentiers restèrent dans l'administration. Rien ne fut changé au personnel ni au fonctionnement, et elle fut rattachée au ministère des finances, avec un directeur général.

Les 25 millions de billets furent émis en coupures de 20, 50, 100 et 1,000 francs. Les rentiers furent désintéressés, partie en argent et partie en billets. Tout continua à se passer comme avant; puis, les années suivantes, on racheta ou expropria successivement les Chemins de fer, postes, télégraphes, ponts, chaussées, assurances et charges privilégiées; et enfin le sol et les immeubles, maisons d'habitation et locaux de toute nature.

Au ministère de la Justice on joignit une direction générale des contrats, du notariat et de l'enregistrement. Les notaires, contrôleurs, receveurs, devinrent fonctionnaires de l'Etat, avec traitements fixes.

Un ministère des Travaux publics et de l'Industrie fut créé avec trois directions générales : chemins de fer, ponts et chaussées, postes et télégraphes.

Enfin un ministère de la Propriété avec trois directions : construction et entretien, location, assurances.

L'Etat étant unique propriétaire foncier et immobilier, les assurances individuelles ne s'appliquèrent plus qu'aux valeurs mobilières.

Or, rien n'ayant été changé aux prix des tarifs et locations, et toutes les sommes perçues revenant à l'Etat, la Banque, qui les centralisait, se trouva bientôt avoir un solde créditeur et disponible d'une centaine de millions.

PARENTHÈSE ET OBJECTIONS

La France est un peu l'image de cette Colonie, aux chiffres près, et à quelques institutions.

36 millions d'individus, hommes, femmes et enfants, produisent ce qui leur est nécessaire.

Ils ont bien une religion et un culte, mais un grand nombre les subissent, n'en ont aucun souci, et, malgré cela, sont obligés d'en payer les frais. En sorte que conserver un budget des cultes, et y faire contribuer tout le monde, est simplement, au point de vue de la moralité et de la Justice, un scandale que, depuis longtemps, la Chambre devrait avoir fait cesser.

Ils ont, de même, un Sénat, dont ils se passeraient fort bien, coûtant très cher à entretenir, et nommé en dehors du suffrage universel, qui se trouve ainsi annihilé. Et, fait digne de remarque, pendant plusieurs années, à dater de 1872, il n'y eut pas de Sénat, et jamais le pays ne fut plus tranquille et mieux administré.

Les ponts et chaussées, l'enseignement, sont gérés par l'Etat, les départements et les communes, et laisseraient peu à désirer, si le gouvernement ne conservait des privilèges pour la nomination des fonctionnaires, et si les programmes d'enseignement étaient révisés.

Les postes et télégraphes, gérés par l'Etat, sont corrects comme fonctionnement. Mais le gouvernement s'obstine à les considérer comme matière à impôts.

La Banque de France, les Chemins de fer sont la propriété de Compagnies créées par actions.

Quant à l'impôt, il est établi d'une façon dérisoire, inouïe, absolument inégale et injuste, sur toutes sortes de produits, par les octrois, les douanes, le timbre, l'enregistrement, etc., etc.

Sur 36 millions d'habitants, occupant 54 millions d'hectares, 19 millions sont agriculteurs, 15 millions industriels, commerçants, fonctionnaires, ouvriers et artistes, et 2 millions seulement, rentiers, actionnaires et propriétaires.

Ces 2 millions possèdent la presque totalité des valeurs foncières, immobilières et mobilières, actions, obligations, titres de rentes, sol et immeubles.

La dette publique s'élève à 25 milliards. La propriété foncière et immobilière peut être estimée au moins 100 milliards. Paris, seul, rapporte, par an, pour 2 millions d'habitants, 750 millions de loyers à 8 ou 10,000 propriétaires.

Le capital agricole, industriel, commercial, peut être évalué au minimum à 100 milliards. Les actions et obligations des six grandes lignes de Chemins de fer, Nord, Est, Ouest, Orléans, Lyon et Midi, représentent une valeur de 12 milliards.

En présence d'une telle situation, il n'est pas d'hésitation possible. La France doit racheter sa dette, ses services publics et toute sa propriété, et les gérer elle-même par l'Etat, en République.

Il est donc urgent :

1° De supprimer le budget des Cultes et les subventions à l'église, à l'art, aux théâtres.

2° D'abolir le Sénat.

3° De racheter la Banque de France et ses succursales.

4° De réformer complètement l'impôt, le rétablir unique, basé sur la fortune et les revenus, et en rattacher la perception à la Banque de France.

5° De rembourser la dette au moyen d'émissions de billets de Banque.

6° De racheter les Chemins de fer, assurances, charges d'agents de change, notaires, avoués, huissiers, commissaires-priseurs, etc.

7° Enfin, et comme terme des principaux services publics, de racheter et faire gérer par l'Etat et les communes, la propriété foncière et immobilière.

Or, il n'y a pas deux moyens d'arriver à une solution. Le seul admissible et logique, étant donné le suffrage universel, est de suivre la voie régulière et légale ; c'est-à-dire de créer un mouvement général d'opinion dans le pays, et d'exercer sur les députés toute l'influence et la pression possibles, par voie de mandats, pétitions, formation de comités, réunions privées et publiques, journaux et brochures.

Quant à compter sur une Révolution violente même au cas impossible où le gouvernement et la Chambre s'obstineraient à rester sourds et ne pas vouloir tenir les engagements que l'on devra exiger d'eux, et entrer dans la voie des réformes, il n'y faut pas songer.

Les insurrections et révolutions violentes sont un remède *in extremis*, trop souvent pire que le mal; et inconciliable avec le suffrage universel. Puis, on sait ce qu'elles donnent. Elles favorisent surtout les réactions. Le christianisme a engendré le catholicisme et la féodalité. Le programme de 1789, les réformes des cahiers généraux, sont encore, pour la plus grande partie, à réaliser; et, après avoir passé de terreur rouge en terreur blanche, et sous le régime des Bonaparte, nous arrivons, lentement, mais sûrement, si l'on n'y met ordre, à une autre féodalité foncière, industrielle et financière effroyable.

Toute Révolution violente, de même que la guerre, entraîne nécessairement des ruines, des destructions d'hommes et de capitaux, et c'est là surtout ce qu'il faut éviter. Car il n'y a pas à se faire illusion sur ce point : la Révolution sociale tient à des questions économiques. De la richesse d'abord, de l'organisation ensuite, tout est là. Le reste viendra par surcroît.

Il faut donc, tout mouvement insurrectionnel étant écarté, que les hommes indépendants et énergiques se groupent, forment des comités, et fassent appel aux électeurs, sur un programme nettement défini dans les grandes lignes, et sans s'arrêter aux détails.

Il faut que les députés à élire prennent l'engagement formel, de n'accepter leur mandat que pour un an, et de s'occuper immédiatement des réformes inscrites au programme. Toutes ont été étudiées, et sont, en partie, mûres dans l'esprit public. Ainsi, la suppression du budget des Cultes, du Sénat, l'établissement d'un impôt unique basé sur la fortune ou le revenu, sont devenus de simples questions d'équité et de justice, qui ne sont même plus discutables.

Quant au remboursement de la dette, au rachat ou à l'expropriation de la Banque, des Chemins de fer, assurances, charges privilégiées, propriété foncière et immobilière, les objections ne manquent pas, bien que peu sérieuses et superficielles. La France est un pays d'artistes où l'on tient encore en grande estime les avocats, rhéteurs, orateurs, sophistes, déclamant en style pompeux des idées vides ou saugrenues, et où l'on se paie facilement de belles paroles. Voyons donc ce qu'il y a de sérieux dans celles que l'on peut présenter.

1re Objection. — Un économiste : « Vous parlez bien légèrement, Monsieur, de 25 milliards. Savez-vous que c'est un chiffre énorme, et qu'émettre pareille somme en billets de Banque serait tuer le crédit de la France, et aboutir à la faillite? Puis, n'est-il pas à craindre que l'or et l'argent se cachent, de peur d'une catastrophe, et qu'alors le papier monnaie soit déprécié et refusé, ainsi qu'il arriva pour la Banque de Law et les assignats »?

Réponse : 25 milliards peuvent être une somme considérable pour une personne ou une société disposant même de quelques millions. Mais tout est rapport, et ces 25 milliards deviennent en réalité peu de chose pour un pays ayant plus de 200 milliards de capitaux économisés.

Lorsqu'en 1716, le duc d'Orléans, régent et tuteur de Louis XV autorisa Law à fonder la Banque Royale, le déficit laissé par Louis XIV, dit le Grand, s'élevait à 2 milliards, chiffre énorme pour l'époque.

Mais cette Banque fut créé par actions, qui, trois ans après, en 1719, étaient cotées, grâce à la spéculation et à l'agiotage, jusqu'à trente fois leur taux d'émission. On peut du reste, juger de la valeur de l'institution par les quelques lignes suivantes tirées de l'histoire financière de la France d'Alexis Monteil.

« Le Régent autorisa Law à fonder la Banque Royale, La direction des fermes lui fut confiée. Des Compagnies pour l'exploitation du commerce des Deux Indes, furent placées sous sa surveillance ; et la Banque, pour faire le capital de ces Compagnies, fut autorisée à émettre des billets et des actions jusqu'à concurrence de 1,200 millions. Les Compagnies, toujours à l'état d'organisation, ne rapportaient rien ; mais les fermes donnaient de beaux bénéfices, ce qui permettait de servir aux porteurs des actions de gros dividendes. Ces actions émises à 1,000 livres s'élevèrent à 20,000 livres. A chaque nouvelle hausse, la Banque émettait de nouvelles actions et de nouveaux billets, avec lesquels elle remboursait des rentes sur l'Etat. Au bout de deux ans, les billets et actions s'élevaient à 3 milliards, qui n'étaient garantis que par un encaisse métallique relativement minime, et de prétendues entreprises commerciales et coloniales qui ne rapportaient rien. »

Comme on le voit, la Banque de Law ne fut ni plus ni moins qu'une affaire de spéculation dans le genre de l'Union Générale, c'est-à-dire une simple banque d'actionnaires, qui n'a rien à voir avec une Banque à titre gratuit, gérée par l'Etat, sans bénéfices.

En 1790, lorsque l'assemblée nationale décreta l'émission des assignats, la France était loin d'être dans la situation actuelle au point de vue de la richesse. Le capital industriel n'existait pas, ou à peu près. Le capital circulant, or et argent, était fort peu de chose. Les assignats n'avaient donc comme garantie réelle, que la propriété foncière évaluée 45 milliards, et dont un tiers au moins, encore en friche, ne rapportait rien.

Du reste, les premières émissions rendirent tous les services que l'on en attendait. Ce n'est que six ans après, en 1796, qu'ils furent discrédités. Mais on en avait successivement émis pour 46 milliards, et dépassé ainsi la valeur du gage.

Il y a loin de cette situation à celle d'aujourd'hui. Pour s'en rendre compte, il suffit de considérer les résultats de l'emprunt fait après la guerre de 1870. Dans des conditions politiques désastreuses, le gouvernement demandait 2 milliards ; en deux jours on en a souscrit 44.

25 milliards sont donc un chiffre relativement faible pour la France ; et il ne serait pas plus dangereux, au lieu de 25 milliards pour rembourser la dette, d'en émettre de suite 50 ou 60 pour racheter les Chemins de fer, assurances et charges privilégiées.

Quant au retrait de l'or et de l'argent que l'on pourrait cacher, en supposant que le fait se produisit, il serait de peu d'importance. Les détenteurs en seraient bientôt embarrassés, et le rapporteraient eux-mêmes sur le marché. En attendant, on se servirait du papier, qui n'en serait nullement déprécié, attendu qu'une obligation de chemin de fer garantie par la Compagnie et l'Etat, ou une valeur au porteur représentant un capital sérieux. sont tout aussi échangeables qu'un billet de Banque.

2e Objection. — Un rentier : « Mais, Monsieur, que deviendront les rentiers, si on leur rembourse leur capital ? C'est toute une classe très respectable de la Société qui se trouverait dans l'embarras, et qui, pourtant, ne le mérite pas, ayant montré, surtout à l'occasion de l'emprunt pour la libération du territoire, qu'elle ne manquait pas de patriotisme. Puis, les rentes ont été créés perpétuelles, et l'Etat n'a pas le droit de les rembourser. »

Réponse : Cher M. Prudhomme, il n'est pas de loi ni de législation qui puissent obliger une société, une nation à rester débitrices et payer des intérêts, si elles peuvent se libérer. Puis, les rentiers seraient-ils bien à plaindre ? Vous, par exemple, rentier de père en fils, qui recevez chaque année 100 mille francs de rentes, n'aurez-vous pas sous la main vos 2 millions de capital ? Il ne dépendra donc que de vous de continuer à vivre à votre aise et largement ; vous pourrez même les abandonner à l'État qui vous remettra en échange des assurances sur la vie.

Puis, vous savez fort bien que les intérêts à 5 0/0 remboursent le capital en quatorze ans ; en sorte que vous avez vu, oisif et paisible, tripler votre argent, sans compter la hausse et la spéculation.

Quant au patriotisme, personne ne le met en doute. Des Princes qui vous sont chers, ont même montré, lors de l'emprunt pour la libération du territoire. le comble du patriotisme, en réclamant au pays 40 millions, dont il n'avait sans doute pas besoin, et qui, paraît-il, leur étaient dûs, puisqu'ils ont été remboursés.

Puis, c'était beau, de votre part, d'acheter du 5 0/0 à 82 fr. 50, et de trouver en outre, grâce, à l'appui des hommes politiques qui ont présidé à cette opération, le moyen de le soustraire à l'impôt ; de telle sorte que vous ne payez pas un centime de contribution pour vos 100 mille francs de rentes. Je suis de vos amis qui, dans ces conditions, en ont acheté autant qu'ils ont pu, au comptant, à terme, réductible, irréductible, et par pur patriotisme. En cela, ils ont montré de la grandeur d'âme, et aujourd'hui que leurs rentes achetées 83 francs, valent 115 francs, et qu'ils ont réalisé en partie le bénéfice, je reconnais que c'est toujours patriotiquement qu'ils vont tous les trimestres, toucher les intérêts de ce qu'ils ont conservé. Ce qui ne vous empêche pas de crier au scandale si l'on prétend que c'est une iniquité de pouvoir posséder 100 mille francs ou 1 million de rentes, sans contribuer en rien, de ce chef, aux charges de l'Etat.

Vous allez sans cesse répétant que le travail et l'économie sont les vraies sources de la richesse ; vous avez bien raison, et c'est pour le moins aussi vrai que l'eau va toujours au moulin. Et que feriez-vous, M. Prudhomme, si, ayant 25 mille francs de dettes, vous vous trouviez un beau jour à la tête de 200 mille francs? Vous commenceriez par payer vos dettes.

Or la France est exactement dans cette situation. Elle est riche à 200 milliards, et vous ne voulez pas qu'elle vous rembourse les 25 milliards qu'elle vous doit. Vous préférez continuer à recevoir les intérêts, et vous savez cependant bien que ceux qui vous les paient en impôts, par leur travail, sont en majeure partie des paysans, des ouvriers, qui ne sont pas, comme vous, deux fois millionnaires, et que 10 francs tirés de leur poche gênent plus que 10 mille sortis de la vôtre.

Si encore la France n'entretenait que ses rentiers! Mais, pour peu que cela dure, elle aura le monde entier pour créancier, et ce sera très dangereux. Les Etats-Unis liquident leurs emprunts ; l'Angleterre a quelques Consolidés 3 0/0 à 100 francs ; l'Allemagne n'a pas de dettes ; l'Espagne, la Turquie, ne paient pas les leurs ; on n'ose pas placer autre part ses économies. En sorte que c'est la France, le pays le plus riche, le plus laborieux, le plus honnête, le plus solvable de tous, qui entretient à ses dépens dans le monde entier ce système de dettes et d'intérêts.

Si l'on ajoute à cela qu'elle subventionne à l'étranger des missionnaires et jésuites de toutes nationalités, qui, certes, se soucient peu de ses intérêts, ce devient une cruelle ironie.

En vérité, M. Prudhomme, votre réputation d'honnête homme est bien entamée, et il est fort triste de voir une nation riche de 200 milliards, produits par son travail et son économie, condamnée par ses mandataires et représentants, à subir une pareille situation.

3e OBJECTION. — Un spéculateur à la Bourse : « Mais pensez donc, Monsieur, que le remboursement de la dette, le rachat des Chemins de fer, de la Banque, des assurances, c'est la disparition de tout un monde de finances ; c'est la mort de la Bourse ! »

Réponse : Certes, c'est bien possible. Mais qu'y faire ? Si, après tout, ce monde, qui vit sur les dettes et les charges d'un pays, est inutile, est-ce une raison pour le conserver ? Il ne manquera pas de fonctions utiles à créer, où il trouvera des situations aussi honorables, pour le moins, que celles qu'il occupe.

En ce qui concerne le jeu, vous pouvez vous rassurer. En dehors des valeurs de Bourse, il restera aux joueurs les courses, la roulette, le baccarat, etc. etc. Les agents de change, eux-mêmes pourront continuer leur office sur toutes valeurs en dehors des services de l'Etat, mais libres, sans privilège, comme de simples coulissiers ou agents de courses. Après tout, la différence n'est pas si grande entre une opération à terme, inscrite et réglée par un agent de change, et un pari sur deux chevaux de course, inscrit et réglé par un boockmaker ; ou même un pari sur rouge ou noire, réglé par un croupier.

Car une opération à terme n'est autre chose qu'un pari. Pierre dit à Paul : Je gage que, fin courant, la rente, qui est à 115 francs sera au-dessus de ce cours, en hausse. Paul parie qu'elle sera au-dessous, en baisse. L'agent enregistre la gageure, et suivant que Pierre ou Paul a gagné, reçoit la différence de l'un, la remet à l'autre, et perçoit son courtage. Et c'est à des opérations de cette nature qu'un gouvernement accorde privilège et protection !

La même immoralité, les mêmes abus, se retrouvent d'ailleurs dans la constitution qui régit les sociétés financières, commerciales, et industrielles, créées par actions, sources productives de ruines et de désastres.

Qu'une société se fonde au capital de 10 millions, par exemple ! La loi l'autorise à émettre, en représentation de son capital, 20 mille actions de 500 fr., total 10 millions, et à ne verser que le quart, soit 125 francs par action.

1er *Abus* : Privilège accordé à une société d'émettre des titres représentant un capital fictif; puis, s'il y a un capital réel, d'émettre encore des obligations selon sa valeur.

2e *Abus* : Autorisation accordée de tromper le public, en affichant un capital de 10 millions, qui n'est en réalité que de 2 millions 1/2.

A cela on objectera que le législateur a voulu ainsi donner une garantie de plus au public; puisque, dans le cas où le premier quart versé viendrait à être perdu, les actionnaires sont responsables des trois autres quarts. Voilà, certes, une belle garantie! Et s'ils sont, ou deviennent insolvables! S'ils cachent ou dénaturent leur fortune! S'ils la transforment en valeurs au porteur, etc. etc. Que devient leur responsabilité?

Heureusement, dans les pires choses, il y a presque toujours un bon côté que l'on peut dégager; et la société par actions, privilégiée, aura du moins pour effet d'éclairer le public sur ce qu'il est en droit d'attendre de l'association, et de la gestion par l'Etat et la Collectivité.

Supposons, par exemple, l'Etat propriétaire de la Ville de Paris, de la Banque de France et des Chemins de fer. La ville de Paris peut être estimée 15 milliards, la Banque 1 miliard, les Chemins de fer 12 milliards; au total 28 milliards. Qu'il émette alors, en représentation de ces capitaux, des actions ou billets de 100, 500 et 1000 francs, pour une valeur de 15 ou 20 milliards. Est-ce que ces billets n'auront pas exactement la même valeur d'échange que ceux de la Banque? Et ne seront-ils pas acceptés partout, en France comme à l'étranger? Puisqu'ils auront plus de garanties réelles que n'en offre le billet de la Banque de France.

Une obligation au porteur du Chemin de fer du Nord, de la Ville de Paris, n'est-elle pas en réalité un véritable billet de banque hypothécaire, reposant en même temps sur le fonds, l'immeuble, et le matériel, et présentant la plus large sécurité. Il ne s'agit que de rendre cette obligation facilement échangeable, en lui donnant la forme et l'aspect du billet de Banque.

Cet exemple suffit pour que l'on juge du crédit énorme et des forces économiques dont pourrait disposer un pays jouissant d'une semblable organisation sociale, et dont tous les services publics seraient gérés par l'Etat, au profit de la Collectivité.

En somme, toutes les sociétés par actions, industrielles ou sociales, assurances, banques, éclairage, transports, etc., tout en étant de remarquables exemples de la force collective, n'en serviront pas moins de transition entre l'exploitation individuelle et l'exploitation par l'Etat. Seulement, aujourd'hui, surtout avec le Parlementarisme, et la constitution politique actuelle, ce sont des Etats dans l'Etat, comme du reste la Compagnie de Jésus et la Banque Juive, qui sont les plus puissants actionnaires et propriétaires. Et, en réalité, le gouvernement, en face d'elles, se trouve impuissant, et tout progrès économique devient très difficile à réaliser, ce qui est tout naturel, puisque les principaux actionnaires des Sociétés sont eux-mêmes, en majorité, les hommes politiques, et ils n'ont garde de toucher à leurs intérêts.

4° Objection. — Un capitaliste : « A quel taux rembourserez-vous la Rente et les valeurs? Sera-ce au cours du jour, ou au pair? Et, si j'ai acheté du 5 0/0 à 105 ou 110 francs, me ferez-vous perdre 5 ou 10 francs, par 100 francs de mon capital? »

Réponse : Il est très logique et équitable de rembourser au pair. Toutes les rentes 5 0/0 ont été émises au-dessous de 100 francs. Le dernier emprunt a même été fait au taux scandaleux de 82 fr. 50! Et l'on reprocherait à l'Etat de rembourser à 100 francs, parce que la spéculation l'aurait poussé à 115 francs! Est-ce que l'Etat doit s'occuper de la spéculation? Et s'il prenait fantaisie à un groupe financier d'accaparer la rente et de la pousser à 120 ou 150 francs, est-ce que l'Etat, s'il voulait se libérer, serait tenu de rembourser à 150 francs? Ce n'est même pas discutable. Que les détenteurs et acheteurs ne s'aventurent pas! C'est à eux de ne pas acheter au-dessus du pair, s'ils ne veulent pas courir le risque.

Pour la Banque de France, la chose est encore plus grave. Une action coûte aujourd'hui 5,000 fr. Ceux qui ne veulent pas spéculer, mais simplement placer leurs économies, n'ont, à ce prix qu'une chose à faire, c'est de n'en pas acheter. La Banque a 180 mille actions émises à l'origine à 1,000 francs; soit au capital 180 millions; et depuis, dédoublées plusieurs fois. En sorte qu'un des premiers actionnaires se trouve avoir un titre payé 1,000 francs, remboursé déjà à raison de 10 ou 15,000 francs en dédoublements, sans compter les dividendes annuels, et qu'il peut vendre encore 5,000 francs. Et les bénéfices sont en moyenne de 110 millions par an. On peut juger par là des avantages qu'aurait eus la France à rester propriétaire de la Banque et la faire gérer par l'Etat, depuis 1803, époque de sa création,

Puis, il y a, pour le pays, un intérêt d'un autre ordre, et capital, à la racheter et la gérer, en ce que la caisse des dépôts et consignations, les trésoreries générales et particulières, pourront y être rattachées. La Banque de France et ses succursales sont tout indiquées pour remplir ces fonctions. L'économie sera énorme, et la chose est, en vérité, si simple et naturelle, qu'elle ne peut soulever aucune objection,

5e Objection. — Un propriétaire : « Monsieur, depuis 20 ans, je possède mon immeuble. Je l'ai acheté et payé 50 mille francs; il me rapporte dix mille francs, et je ne me soucie pas de le vendre. »

Réponse : Remarquez bien, Monsieur, qu'il s'agit d'un intérêt général. Vous ne voulez pas le vendre, soit. Alors on l'expropriera pour cause d'utilité publique. C'est ce que l'on ferait si l'on voulait percer une rue, créer une place, élever un édifice sur le terrain qu'il occupe. Il vaut donc beaucoup mieux que vous examiniez ce que vous pouvez perdre ou gagner à le vendre. Dix locataires habitent votre maison. Lorsque vous l'avez achetée, ils payaient 300 francs de loyer par an. D'amélioration en amélioration, ils en paient 1,000 aujourd'hui. En sorte qu'elle vous a été déjà remboursée environ 100 mille francs, et vous pouvez la vendre de 100 à 150 mille francs. On vous propose donc de l'acheter. Elle vous sera payée, et vous serez toujours libre de l'habiter aussi longtemps qu'il vous plaira, au prix d'un loyer bien inférieur à celui que vous paient vos locataires. Vous deviendrez en même temps propriétaire de toute la France. Vous voyez que vous n'y perdrez rien.

6e Objection. — Un paysan : « Monsieur, le toit que nous habitons avec ce coin de jardin me vient de famille. J'étais fermier, moyennant 100 francs par an du champ que j'ai acheté 3,000 francs économisés en 10 ans ! Et vous voulez que la commune ou l'Etat me les prennent ! Je n'y consentirai jamais ! »

Réponse : Mais, mon cher ami, il n'est pas le moins du monde question de te prendre ton champ, ta maison et ton jardin, et de t'en déposséder. Ecoute bien ! L'Etat te les achète et te les paye ; puis la commune te les louera. Tu en resteras donc propriétaire, en tant que citoyen, et fermier, en tant que cultivateur. On te fera un bail de 50 ans, si tu le veux, que ta famille ou tes héritiers seront libres de continuer encore, ou de résilier, quand bon vous semblera. Tu seras donc maître chez toi, comme avant. Seulement, comme c'est à la commune et à l'Etat, propriétaires, c'est-à-dire à tout le monde et à toi-même, que tu paieras le loyer, et que ni la commune ni l'Etat n'y feront de bénéfices, mais ne garderont que les frais de gestion et d'entretien, au lieu de payer 100 francs comme jadis, pour le seul fermage de ton champ, ce fermage, pour le champ, la maison et le jardin ne sera même pas équivalent à ce que tu paies aujourd'hui comme contributions. Tu auras donc toujours la terre, la maison et l'argent en plus que tu pourras utiliser comme il te plaira.

En outre, comme ton champ n'est pas grand. et que tu es, quand même, obligé d'avoir bœufs et charrue, tu pourras encore. si tu y tiens, les garder ; ou, si tu le préfères, la commune te fournira l'outillage nécessaire pour le cultiver, couper ton blé ou ton foin en même temps que ceux de tes voisins avec bien moins de peine. En sorte qu'au lieu de ne cultiver qu'un champ, tu pourras en avoir et en cultiver dix, avec moins de fatigue et à moins de frais. Ce n'est pourtant pas bien difficile à comprendre.

7e Objection. — Un procureur : « Mais, Monsieur, le jour où la propriété individuelle n'existera plus, les neuf dixièmes des procès n'auront plus raison d'être, et alors que deviendront les hommes d'affaires, arbitres, avocats, avoués, greffiers, huissiers, syndics, enfin tout le monde judiciaire ? ».

Réponse : Certes, il n'est pas douteux que, la propriété individuelle devenant propriété collective, il ne restera plus guère matière à procès. Mais rassurez-vous ; si les difficultés cessent au sujet du partage des successions, des ventes et échanges, des baux et rapports entre propriétaires et locataires, il n'en restera pas moins encore des différends à régler, des délits correctionnels à réprimer, et il faudra encore des juges, des huissiers et des arbitres.

Quant au personnel actuel de la justice, avocats et avoués n'auront-ils pas l'instruction et les connaissances suffisantes pour remplir nombre de fonctions dans le nouvel ordre social ? Et y aurait-il grand mal à les voir remplir une fonction utile et sérieuse, au lieu de chercher à éterniser en première instance, appel, cassation, des procès d'une simplicité souvent primitive ? Ne vous plaignez donc pas de la disparition des procès. La Société ne pourra qu'y gagner en moralité, en économie, en facilité dans les relations. Les procureurs eux-mêmes auraient vraiment mauvaise grâce à blâmer la réalisation d'un tel progrès ; et on ne saurait prétendre que l'entretien des fripons à l'effet de ne pas laisser chômer les juges, constitue un service d'utilité publique.

Voilà à quoi se réduisent les objections que l'on peut faire contre le remboursement des dettes, et le rachat ou l'expropriation des services publics et de la propriété.

Ce n'est donc pas être téméraire, ni vouloir troubler l'ordre, que de réclamer le rachat de la Banque de France, et l'émission de 25 milliards en billets pour rembourser la dette. Puis, comme l'effet produit dans la circulation et les affaires en sera nul, et plutôt profitable, on n'aura qu'à procéder de même au rachat des Chemins de fer, assurances et charges privilégiées.

Enfin, comme terme de cette série de services publics, l'État devra racheter la propriété bâtie et non bâtie. Comme il a été dit plus haut, pour ne citer que Paris, la location des immeubles y rapporte par an 750 millions, qui, capitalisés à 5 0/0 donnent

15 milliards. Supposons que ce rachat ait été fait en 1873. On peut estimer que, depuis cette époque, la valeur en a augmenté d'au moins un tiers. L'Etat devrait donc payer aujourd'hui 15 milliards, ce qu'il aurait pu acheter, il y a douze ans, 10 milliards. Il aurait en outre perçu 8 à 10 milliards de loyers qui sont allés grossir les fortunes déjà colossales des 8 ou 10 mille propriétaires.

Une fois en possession, l'Etat n'aura plus qu'à distribuer le territoire aux communes, qui seront chargées d'affermer, louer, ou continuer les baux, suivant les règlements qui seront établis. Les percepteurs en toucheront les produits qu'ils verseront à la Banque, ou à la succursale de leur ressort.

La propriété rachetée, on peut se faire une idée des résultats immédiats, et des conséquences du nouvel ordre économique. Si l'Etat conserve les tarifs et prix actuellement en vigueur, il se trouvera encaisser chaque année les recettes et bénéfices des Compagnies de Chemins de fer, de la Banque de France, plus le prix des loyers, c'est-à-dire des sommes énormes. Et cela, sans compter l'économie réalisée par l'annexion des Trésoreries à la Banque, et la transformation de l'impôt.

Alors, de deux choses l'une, on la majeure partie de ces sommes devra être remboursée, sous forme de dividendes ou salaires, à ceux même qui les auront versées, c'est-à-dire à tous les citoyens ; ou bien l'Etat sera obligé d'abaisser les tarifs, ce qui reviendra au même. Le public sera sûr, en tout cas, de payer ces services à prix de revient et au meilleur marché, puisqu'ils ne seront plus matière à impôt,

La possession par la Collectivité, et la gestion par l'Etat, sont, en vérité, tellement avantageuses pour tout le monde, même pour les rentiers et propriétaires, qu'il est à désirer qu'elles soient réalisées le plus tôt possible.

CONTE *(Suite)*

Lorsque la Colonie, libre de dettes, et devenue propriétaire de la Banque, des Chemins de fer, assurances, postes, télégraphes, sol et immeubles, se trouva disposer de 100 millions, on avisa au moyen de profiter de cette situation.

Après examen, il fut décidé, en principe, que tous les services rendus par l'Etat, le seraient à prix de revient, à prix coûtant, sans bénéfices, en ne tenant compte que des frais de gestion et d'administration.

En conséquence, les opérations de la Banque, les primes d'assurances, les actes notariés, les Chemins de fer, postes, télégraphes, furent tarifés à un taux approximativement équivalent aux frais, et les recettes en excédant sur un exercice, reportées au crédit de l'exercice suivant.

On avait déjà les timbres-poste et les cartes-télégrammes.

Pour les Chemins de fer, les distances furent classées en séries de 50, 100, 200 kilomètres et au-dessus, et des tickets correspondants créés, et pouvant être achetés d'avance.

Pour les baux et locations, les prix furent établis, par chaque commune, d'après l'offre et la demande; et, chaque année, après règlement des frais, l'excédant fut, partie remboursé aux locataires, proportionnellement aux sommes versées par eux; et partie affecté au fonds de réserve, à la construction et à l'entretien.

Cependant des faits nouveaux se présentaient à chaque instant.

D'abord, des étrangers demandaient journellement à être citoyens de la Colonie. Il devint nécessaire de réglementer cet envahissement, et il fut décidé que tout individu voulant exercer un métier, une profession, serait tenu d'obtenir droit de cité et d'élection, et diplôme d'instruction primaire, et de s'astreindre au service militaire.

En quelques années, la population avait presque doublé. Un recensement par communes venait de donner le chiffre de 5 millions d'habitants, dont 300 mille pour la Capitale.

Sur ces entrefaites, le roi d'un peuple voisin, jaloux de cette prospérité, et jugeant ce voisinage dangereux pour son pouvoir, déclara la guerre sous un prétexte futile.

La Colonie, après avoir épuisé tous les moyens de conciliation, dut se mettre en état de défense, se mobiliser et se fortifier. Mais on résolut de se servir de tous les engins de destruction que l'intelligence, la science et l'industrie, pouvaient produire, tels que dynamite, torpilles, balles explosibles, etc. etc.

Le Roi protesta, alléguant que cela était contraire au droit des gens. A quoi les Colons répondirent, qu'ayant tout fait pour éviter la guerre, ils ne reconnaissaient d'autre droit des gens, que celui de se défendre et chasser l'envahisseur par tous les moyens possibles.

Les soldats et les sujets du roi, effrayés, et voyant que, dans ces conditions, la lutte ne pourrait se terminer à leur avantage, se soulevèrent, chassèrent leur monarque, et réclamèrent la paix, demandant à leurs nouveaux alliés de les aider à s'organiser comme eux, en République.

Les choses politiques rentrèrent donc dans l'ordre habituel.

En dehors de ces événements, des faits d'une autre nature se présentaient dans l'économie.

Les capitalistes ne pouvant plus spéculer, ni placer leur argent sur les Rentes, Chemins de fer, assurances, propriétés, avaient cherché un autre aliment à leur activité, d'autres débouchés à leurs capitaux.

Beaucoup étaient devenus fonctionnaires dans l'Etat.

Plusieurs avaient placé des fonds à l'étranger ; mais ils avaient essuyé tant de déboires qu'ils y avaient tout à fait renoncé, ou, tout au moins, y mettaient beaucoup de réserve.

La plupart s'étaient tournés vers l'industrie et le commerce. Quelques banques créées à côté de celles de l'Etat, végétaient, ne pouvant supporter la concurrence.

Des Compagnies pour l'éclairage, le chauffage au gaz, le transport des personnes par omnibus, tramways, voitures, bateaux, des entreprises de halles et marchés, de déménagements, de bains, de services funèbres, etc., leur avaient donné pendant quelque temps de beaux résultats. Mais les communes les avaient rachetées, ou expropriées, et les géraient comme services publics et communaux, à prix de revient, avec des administrations organisées sur les mêmes bases que l'Etat, et avec traitements fixes.

Ils avaient alors acheté, en dehors de la Colonie, d'immenses territoires, fertiles en productions agricoles, riches en forêts et en mines, sels, houilles, fontes, cuivre, plomb, etc. Comme tous ces terrains et mines étaient déjà exploités en détail, ils s'étaient associés, les avaient mis en actions, et organisés par districts, ou centres. Puis, ils avaient créé dans chaque centre des établissements industriels, dans lesquels ils manufacturaient les produits bruts, et les livraient en concurrence avec ceux de la Colonie.

Comme ils avaient, en culture, de grandes étendues, ils s'étaient naturellement munis de tout l'outillage, de toutes les machines que comportait cette culture, et arrivaient ainsi à de magnifiques résultats.

Mais pour obtenir les bénéfices auxquels ils étaient habitués, ils étaient obligés de spéculer sur le travail de leurs ouvriers, au nombre de 10 mille, environ, et de les payer le plus bas prix possible pour le plus de production possible. En sorte qu'à chaque instant, ces ouvriers se mettaient en grève, réclamant des augmentations de salaires, des diminutions de temps de travail, des garanties contre le chômage, les accidents, etc.

Des deux côtés, on souffrait beaucoup de la concurrence.

Dans la Colonie, les cultivateurs n'étaient pas associés. La terre était très divisée et morcelée ; chacun n'avait guère plus que ce qui suffisait à son travail et à celui de sa famille. Dans ces conditions, l'emploi des machines était impossible ; les produits revenaient très cher, et exigeaient beaucoup de peine.

Pour les mines, houilles, métaux, salines, elles étaient louées par les communes à des industriels qui avaient, avec leurs ouvriers, les mêmes difficultés que les capitalistes. Pour supporter la concurrence, ils avaient réduit les salaires ; les grèves, les plaintes, étaient survenues ; la situation empirait de jour en jour.

On procéda comme on avait fait pour les services publics. L'Etat intervint et invita les agriculteurs et industriels à examiner les choses et étudier les remèdes.

Comme les intérêts généraux de la Colonie menaçaient d'être compromis; comme, en outre, les esprits étaient déjà faits à la gestion par la collectivité, et à l'organisation du travail, on prit immédiatement les résolutions suivantes :

1° Toutes les mines seront rachetées et exploitées par l'Etat, et groupées par districts suivant leur nature et leur situation.

2° Toutes les terres cultivées seront groupées de même et exploitées par l'Etat et les communes.

3° Des commissions seront nommées pour évaluer le montant des indemnités à accorder.

4° Dans chaque district, tous les ouvriers agricols et industriels désigneront au suffrage, suivant le mode adopté pour les services publics, les noms parmi lesquels le ministre choisira, pour les investir de leurs fonctions, les directeurs, administrateurs, ingénieurs, inspecteurs, chefs d'exploitation, surveillants.

5° Un salaire minimum sera fixé pour les ouvriers, basé sur les journées de travail et la production.

Les capitalistes ne purent tenir contre cette organisation, et durent entrer en arrangement avec la Colonie, qui racheta leurs établissements, et leur territoire, et en continua l'exploitation. Elle se trouva, de ce fait, encore augmentée de 10 mille travailleurs.

A dater de ce moment, toutes difficultés cessèrent pour les ouvriers. Des assurances les garantirent contre les accidents, le chômage, la maladie, la vieillesse. Ils purent travailler librement, à l'abri de la crainte du lendemain. Des cités industrielles s'élevèrent. Le bien être se répandit partout.

La culture fut organisée de même par les soins de l'Etat et des communes. Les champs furent cultivés à l'aide de machines; les récoltes furent garanties mutuellement; les habitations malsaines des paysans disparurent pour faire place à des maisons confortables. Le travail des champs devint un plaisir au lieu d'être pénible comme autrefois.

Des faits analogues se produisaient dans le commerce.

Ainsi que la culture et l'industrie, il avait été d'abord livré à l'individualité et à la concurrence, c'est-à-dire à l'anarchie. Puis, quelques maisons s'étaient fondées sur de grandes proportions, surtout pour la fabrication et la vente de l'épicerie et des produits alimentaires, des tissus, des métaux.

Par suite de cette concurrence, les anciennes maisons se maintenaient difficilement. Quelques-uns de ces grands établissements de commerce et d'industrie, créés par association, et mis en actions, tendaient de plus en plus à diminuer les salaires des ouvriers et employés, pour fournir des dividendes. Les produits étaient falsifiés pour être vendus à plus bas prix.

Plusieurs, dont la situation était embarrassée, avaient été détruits par des incendies. L'Etat, assureur des marchandises avait dû les rembourser. Le public voyait avec peine que ces maisons avaient fait ainsi une excellente opération à son détriment. Les soupçons, insinuations, accusations même, avaient beau jeu.

Un laboratoire installé par les soins de la municipalité dans la capitale, et mis à la disposition du public, donnait des résultats inouïs par l'analyse des produits alimentaires. Sur cent échantillons de vins, liqueurs, lait, beurre, etc., dix étaient purs, quarante passables ou médiocres, et cinquante frelatés ou nuisibles. On fabriquait du poivre, du chocolat, avec de l'écorce pulvérisée, des alcools avec n'importe quoi.

Tout cela était désastreux, en outre, au point de vue de la moralité publique et individuelle. On finit par s'émouvoir et réclamer l'intervention de l'Etat, qui fit comme précédemment. Peu à peu, magasins, fabriques furent rachetés et expropriés, des entrepôts et des halles établis dans la capitale, avec succursales, par quartiers, et dans tout le pays. On créa un ministère du Commerce et de la fabrication, dont les services furent organisés et fonctionnèrent de même que dans l'industrie.

Les choses étant à ce point, de profondes modifications, des résultats imprévus et inespérés, s'étaient déjà produits, aussi bien dans les existences individuelles que dans la vie sociale.

Depuis que la propriété foncière et immobilière, était devenue collective, les trois quarts des procès avaient disparu comme par enchantement. Les héritages ne portant plus que sur des meubles, des objets d'art, de l'argent ; l'argent ne rapportant rien, et, au lieu d'affluer dans quelques bourses seulement, étant très divisé ; tout le monde, pour ainsi dire, était riche. Les querelles, les divisions dans les ménages et les familles, presque toujours causées par le besoin et les questions d'intérêt, avaient sensiblement diminué.

Comme, d'un autre côté, ceux qui, autrefois, travaillaient trop, ne s'en donnaient plus qu'à leur aise, n'étant pas pressés par la nécessité ; comme ceux qui, autrefois étaient oisifs, se voyaient obligés de travailler un peu, l'intérêt de l'argent ayant disparu ; il en résultait un apaisement, un équilibre, une satisfaction qui n'étaient troublés ni par l'antagonisme des classes, ni par le désir d'accumuler la richesse.

On s'occupait, conséquemment, beaucoup, de science et d'art. Chacun s'y intéressait en raison de ses loisirs et de ses goûts. Des théâtres, concerts, créés depuis longtemps par l'initiative privée, et qui, peu fréquentés au début, avaient dû, pour éviter la ruine, être subventionnés par l'Etat ou les communes, étaient maintenant très suivis.

On se plaignait même de voir les subventions maintenues pour quelques-uns dont les sociétaires touchaient jusqu'à 60 à 70 mille francs chacun, de dividendes par année. Chacun blâmait ces abus.

D'autres faits, peu équitables, se passaient dans le domaine de l'art.

En peinture, des artistes produisaient des tableaux qu'ils vendaient avec peine une centaine de francs à un amateur ou un marchand, et qui, revendus ensuite publiquement, atteignaient le chiffre de plusieurs mille francs.

Souvent un artiste mourait pauvre, laissant une famille dans la gêne, et, quelques jours après, ses œuvres, vendues par lui à vil prix étaient cotées des milliers de francs.

En musique, en littérature, des manuscrits vendus de 50 à 100 francs à des éditeurs, rapportaient à ces derniers jusqu'à 25 et 50 mille francs.

Des savants, des ouvriers, faisaient des découvertes et inventions qu'ils cédaient, ne pouvant les exploiter eux-mêmes, ni prendre de brevets, à des industriels et capitalistes qui en tiraient des bénéfices énormes, sans que l'inventeur eût plus rien à en prétendre.

Il y avait évidemment quelque chose à faire en ce sens. Après étude et examen des remèdes à apporter à ces abus, on prit les résolutions suivantes :

1° Toutes subventions théâtrales et artistiques seront abolies.

2° Des expositions permanentes seront ouvertes dans la capitale et les grands centres, aux œuvres de sculpture, peinture, dessin, acceptées par une commission d'experts nommée par les artistes. Sur le prix des œuvres vendues, il sera retenu tant pour cent, pour les frais d'administration. Lorsqu'une œuvre aura été vendue un prix constaté par la commission, si elle est revendue publiquement, l'auteur ou ses héritiers auront droit à la moitié de la plus-value.

3° L'imprimerie et la librairie nationales se chargeront d'imprimer, graver, éditer et publier à prix de revient les œuvres littéraires et musicales ; les auteurs recevront intégralement le prix des exemplaires et éditions vendus, sous déduction des frais.

4° Un service et une commission seront créés pour examiner les inventions et découvertes, et l'Etat sera chargé de l'exploitation de celles reconnues utiles et pratiques. Tous les avantages en reviendront aux inventeurs, qui pourront, au surplus, prendre brevet pour celles non acceptées et les exploiter.

A dater de cette époque, la richesse alla croissant au delà de toutes prévisions. Chacun dépensait largement, l'argent ne rapportant rien et se gagnant facilement. Des dons et legs considérables étaient à chaque instant faits à l'Etat pour la conservation de musées, bibliothèques, la création d'hospices, maisons de retraite. La lutte pour l'existence avait cessé. La vie était facile. Chacun devenait ou restait honnête tout naturellement, n'ayant plus d'intérêt à ne pas l'être.

On aurait pu supposer que cette richesse répandue partout nuirait à la production, et que ceux qui la possédaient ne voudraient plus travailler. Or, le contraire se produisait, attendu que l'activité humaine est une nécessité, et la condition essentielle de la vie, et que chacun était libre de se livrer au travail vers lequel le portaient ses goûts et ses aptitudes.

Puis, l'art et la science, appuyés sur la richesse, rendaient intéressants et agréables les travaux qui, jadis, étaient le plus pénibles.

Presque tous les citoyens étaient fonctionnaires dans l'Etat, ce qui n'aliénait en rien leur liberté et leur indépendance. Les femmes ne s'occupaient plus guère que de la famille et de leur intérieur, des services d'éducation et d'instruction, et des hospices et maisons de retraite. Chaque fonction pouvait avoir plusieurs titulaires, aussi bien parmi les ouvriers, les cultivateurs, que dans les administrations de l'industrie, du commerce, de l'enseignement, de la Banque, etc. Tous étaient solidaires et responsables de la fonction qu'ils avaient à remplir, et complètement libres en dehors de leur service. L'essentiel était que tout fût en règle.

Quant à la misère, elle n'existait plus. L'Etat avait créé des dépôts de mendicité, dans lesquels les mendiants, besoigneux et vagabonds trouvaient gratuitement le gîte, la nourriture, et le vêtement, puis, du travail, qui leur était payé.

Il y avait en outre les pénitentiaires et maisons de correction, où les détenus pour délits correctionnels, pouvaient travailler et économiser. Les incorrigibles et récidivistes étaient expulsés du pays et exilés au loin.

Les criminels devinrent très rares, les principaux mobiles du crime, misère, ignorance, intérêt, haine, mauvais instincts, ayant à peu près disparus, détruits par la richesse, l'éducation, l'instruction.

Enfin, les assurances sur la vie, généralisées, et réglées par l'Etat, s'étendaient à tout le monde, et nombre de maisons de retraites, avaient été créées, dans lesquelles le bien-être, le calme, étaient largement distribués.

Peu à peu, les peuples voisins demandant de plus en plus à se fédérer avec la colonie, pour jouir des mêmes avantages et libertés, elle devint une grande nation, et envahit pacifiquement tout un continent, réalisant la théorique et poétique devise de la Révolution : Liberté, Egalité, Fraternité, dans cette formule scientifique et positive :

JUSTICE

SOLIDARITÉ — LIBERTÉ.

OBJECTIONS

1re Objection : Un homme de bon sens et de bonne foi : « Je comprends bien, Monsieur, après ce que je viens de lire, les avantages qu'une nation, la France, par exemple, pourrait obtenir au moyen de certaines réformes.

Il est évident que le remboursement de la dette, l'impôt unifié et basé sur la fortune et les revenus, la gestion par l'Etat de la banque, de l'industrie, de l'agriculture, du commerce, de la science, des arts, amélioreraient de beaucoup la situation du pays en général, et des citoyens en particulier.

Je conçois fort bien qu'il y aurait grand profit pour la nation à racheter et gérer elle-même, par l'Etat, la propriété; puisque tous les bénéfices réalisés par les grands propriétaires actuels reviendraient à tout le monde, chacun étant en même temps propriétaire du tout, et locataire de la partie.

Je ne vois même pas d'inconvénient à ce que le rachat des services publics et de la propriété, soit fait au moyen de billets de Banque. Il est clair qu'une nation travaillant comme la France, et possédant 200 milliards au moins de capitaux économisés et en plein rapport, peut disposer d'un crédit de 100 milliards.

Je suis d'avis que si tout cela était bien administré, et que le pays tout entier ne fût qu'une immense association dans laquelle chacun verrait son existence garantie par la fonction qu'il pourrait remplir, ce serait merveilleux comme résultat.

Seulement, je vous avoue que je n'ai guère confiance dans l'Etat comme administrateur; et cependant, je reconnais, comme vous le dites, que les postes, les télégraphes, la perception de l'impôt, l'enseignement, l'enregistrement, les hypothèques, les tabacs, fonctionnent bien. Mais quand il s'agira des Chemins de fer, de la Banque, de l'industrie, du commerce, de la propriété foncière, immobilière, je doute fort qu'il puisse remplir sa tâche avec avantage. »

Réponse : Vous reconnaissez que l'association a du bon, et que plusieurs services sont fort bien gérés par l'Etat; c'est déjà quelque chose. Il est clair, en effet, que si 10, 20, 50 industriels, fabriquant séparément du sucre, par exemple, forment une Société par actions, et fusionnent toutes les usines en une seule, il y aura économie de personnel, de matériel, de temps, de travail, de frais de toute sorte. En outre, la qualité sera unifiée, et plus facile à améliorer.

Or, que feront les actionnaires pour gérer l'association ? Ils auront un conseil d'administration, un directeur, des inspecteurs, vérificateurs, employés et ouvriers.

Eh bien, dans la gestion par l'Etat, rien n'est changé, si ce n'est que : 1° Il n'y a plus d'actionnaires, ou plutôt tout le monde est actionnaire, et l'Etat constitue le conseil d'administration.

2° Les traitements sont fixes.

3° Le chômage des ouvriers et de la production, résultant la plupart du temps de la concurrence, disparaît.

4° Le public a la garantie que la qualité est pure, et n'a plus à redouter les falsifications. De plus, il est sûr que le produit lui sera livré au plus juste prix, puisqu'il n'y aura pas de bénéfices, et que s'il y en avait, c'est à lui qu'ils reviendraient.

Vous craignez que l'Etat soit mauvais administrateur, et vous reconnaissez pourtant que certains services gérés par lui fonctionnent bien; vous pourriez même ajouter qu'ils fonctionnent bien, les postes, par exemple, malgré des traitements dérisoires affectés aux fonctionnaires et agents, en raison de leur travail, et la triste installation de beaucoup de bureaux, même à Paris. Or, remarquez que ce sont là vices de détail, que l'on corrigerait facilement. Il suffirait qu'il y eût dans chaque ville des bureaux de pétitions et réclamations publiques, qu'une commission serait chargée d'examiner et d'étudier.

Vous n'ignorez pas que, d'après les conventions passées avec les Compagnies, l'Etat deviendra à un moment déterminé propriétaire et administrateur des Chemins de fer. Cela ne sera pas nouveau, et existe déjà en Allemagne, en Italie, en Belgique, en Suisse. Une fois gérés par l'Etat, pourquoi ne fonctionneraient-ils pas aussi bien que les postes? Tout le matériel, le personnel, sont là, organisés. Il n'y aura qu'à perfectionner.

Aujourd'hui, même, l'Etat est déjà fabricant, et manufacture du tabac, de la poudre, des armes, du pain, les tapisseries des Gobelins, les porcelaines de Sèvres; construit des navires dans les arsenaux; est-ce que les services ne fonctionnent pas bien? La qualité, la fabrication, ne sont-elles pas bonnes? Et si, par hasard, elles laissent à désirer, n'est-il pas plus facile d'y remédier que si l'on avait affaire à mille fabricants libres de falsifier les produits, ou à une Compagnie privilégiée, comme pour les allumettes, de laquelle il est impossible d'obtenir la moindre amélioration?

Vous connaissez à Paris ces grands établissements, tels que le Louvre, le Bon Marché, le Printemps, la Ménagère, la Belle Jardinière, les bouillons Duval, immenses bazars créés et dirigés par un individu ou une Société, disposant d'une véritable armée d'employés et réalisant d'énormes bénéfices. Pourquoi l'Etat ne les gérerait-il pas de même?

Vous connaissez peut être aussi ce restaurant fondé par un ancien négociant, parvenu, en raison d'une direction et d'une économie intelligentes, à devenir millionnaire en tenant un bazar d'articles de ménage. Retiré des affaires, et frappé des difficultés éprouvées à ses débuts, il eût l'idée de fonder un restaurant économique, où les ouvriers, les gens peu fortunés du quartier, trouveraient à vivre moyennant 8 à 10 sous par jour. La maison est bien tenue, la nourriture saine. Le propriétaire, gérant lui-même, ne voulant pas faire de bénéfices, s'est vu obligé, au bout de deux années, de diminuer les prix. Cela n'a rien d'étonnant. Ainsi les Invalides, qui sont bien installés et bien nourris, coûtent de 0,50 à 0,60 centimes par jour et par homme. Il est vrai qu'en revanche, le gouverneur a des appointements superbes, et coûte bien, à lui seul, aussi cher que tous les invalides. Ajoutez à cela qu'ils sont 400 occupant un hôtel construit pour en loger 5 à 6,000, en sorte qu'il y a bien là 5,000 places perdues que l'assistance publique pourrait utiliser.

Et il y a des gens qui vous traitent de nihiliste et crient au scandale, quand on parle de toucher un tant soit peu à l'ordre établi, et de corriger quelques abus! Et pourtant il n'en manque pas.

Si vous prenez, par exemple, les chemins de fer, les bateaux, que pensez-vous de Compagnies profitant de ce qu'à Paris la population laborieuse n'a que les dimanches et jours de fêtes disponibles pour aller goûter un peu de repos et d'air pur au dehors, et lui faisant payer, ce jour-là, plus cher que les autres jours?

Et d'autres qui tarifent à 80 francs le transport d'un wagon de houille de 5,000 kilos, coûtant 70 francs à la mine, ne craignant ni pluie, ni soleil, ni gelée, et qu'il suffit d'attacher à un train et de laisser rouler sur un parcours de 300 kilomètres!

Ces abus, vous pourrez les réformer par l'Etat, qui sera votre mandataire, et sur qui vous aurez une action directe; quant à les obtenir de compagnies et d'actionnaires, ce n'est pas la peine d'y songer.

Et, en dehors des abus à réformer, que de choses utiles à créer, en présence desquelles l'initiative se montre impuissante et réfractaire!

N'est-il pas singulier de voir, par exemple, au point de vue de l'hygiène et de la santé publiques, une ville comme Paris, privée d'un établissement de bains à vastes piscines, où l'on pourrait s'exercer à la natation? Il est vrai que l'on a, pendant les grandes chaleurs, l'eau de Seine; mais elle est si pure!

Et cependant, il existe à Passy un puits artésien donnant 1,000 mètres cubes d'eau, soit 1 million de litres par heure, à la température de 28 degrés centigrades, été ou hiver! Il y en a un à Grenelle donnant 30 mètres cubes, soit 30,000 litres par heure à 28 degrés également. Et il y a, au pied de Passy et de Grenelle, des terrains que l'on ne savait comment utiliser après l'exposition de 1878! Et 60 à 70 pour cent des militaires et des marins, en France, ne savent pas nager!

Ajoutez à cela que l'eau du puits de Grenelle s'élève à 34 mètres au-dessus du sol, en sorte que l'on pourrait obtenir, par ces puits artésiens, des chûtes d'eau et forces motrices qui sont complètement perdues.

Que dire aussi des demandes et offres du travail, des agences de placement, de commerce et d'industrie, de change, d'affaires, qui, gérées, par l'Etat et la Commune, seraient des services publics sérieux et de premier ordre, tandis que, laissées à l'initiative privée, elles cachent si souvent de véritables entreprises d'escroquerie? Le mariage même est devenu, dans ces conditions, une affaire de chantage, un prétexte aux plus odieuses spéculations! Et notez que ce sont des gens se disant conservateurs, hostiles à toute espèce de réformes, qui crient le plus à la démoralisation, au nihilisme et à l'anarchie!

Mais consolez-vous, bons Parisiens! On vous élève une église à Montmartre! On redore le dôme des Invalides! On s'occupe sérieusement d'améliorer la race chevaline! Il y a une société protectrice des animaux! Sénateurs et Députés continuent à faire de la politique! et l'Académie travaille toujours au Grand Dictionnaire! Nous avons vaincu les Kroumirs et nous allons guerroyer en Chine *ad majorem Dei gloriam* et pour le profit des Jésuites Le service de la justice ne coûte que 36 milions, et celui de l'agriculture et du commerce que 25 millions! Celui des postes et télégraphes est presque gratuit! Mais celui des cultes atteint 52 millions, et celui de la guerre, de la marine et des Colonies, 810 millions. Vous pouvez dormir en paix!

Consolez-vous! Il aura sa statue et son monument! Il mourut regretté de tous! Aucun ne fut plus éminent par le patriotisme et le désintéressement! D'une éloquence et d'une audace rares, il ne fit, toute sa vie, que donner, par ses actes, des démentis à ses paroles! Quoique menant joyeuse vie et faisant bonne chère, il sut se faire passer pour austère! Quoique fort riche on le crut toujours pauvre! Un appel a été fait à tous les cœurs sensibles et généreux! On recueillera plusieurs centaines de mille francs; cependant, l'assistance publique est sur les dents et les hospices manquent de place!

Consolez-vous! La fête de charité à l'hôtel *** a été splendide; les dames patronesses avaient rivalisé de zèle; toilettes merveilleuses; on a dansé jusqu'au jour! L'inondation avait fait des siennes et ravagé toute une contrée; plusieurs milliers de malheureux étaient en détresse et sans abri! La fête a produit 100,000 francs; tous frais déduits, ce sera au moins 5 francs par tête à distribuer en attendant que l'inondation recommence! Songez donc qu'une digue, un canal de dérivation des eaux coûteraient peut-être 2 ou 3 millions et mettraient un terme au fléau!

Mais non, allez! Au lieu de créer des choses utiles, ou même nécessaires, édifiez des temples à l'art et au luxe; élevez des églises, des théâtres, des cirques et des édens! Qu'importe qu'ils soient vides la plupart du temps? Cependant, la population s'entasse et grouille dans des habitations humides et malsaines! Les Halles débordent, envahissent les rues, les boulevards, les quais avoisinants; grands magasins, restaurants, regorgent de clients; et la chaleur, en été, les courants d'air, en hiver, y sont insupportables; les mauvaises odeurs en permanence, tandis que dans vos églises, veuves de fidèles, règne une atmosphère tiède et parfumée. Mais, bon gré, malgré, pour vivre, il faut d'abord manger, boire, se vêtir, et se loger! Prier ou s'amuser ne suffisent pas!

Allez! trompez l'enfance et la jeunesse; faussez la famille, l'éducation, l'instruction; semez partout les défiances et les haines, les duperies et les déceptions; honorez les morts et faites la guerre aux vivants; trompez-vous vous-même aussi longtemps que vous le pourrez! Et, lorsqu'après vous être usés en pure perte dans le tourbillon social du plaisir ou de la lutte pour la vie, vous en serez rejetés, couronnez alors l'édifice, si vous êtes riches, en vous faisant, moyennant finances, traîner en terre par des chevaux caparaçonnés, portant plumets et panaches!

Oh! la bêtise humaine! abîme insondable et fantastique! Quelle étrange et lugubre mystification les hommes travaillent à faire de la vie! Et leur Dieu! quel beau rôle ils lui font jouer dans cette ronde macabre. Tour à tour juif, païen, mahométan, protestant, catholique! Toujours idiot ou impuissant, farceur ou bandit! Quand donc Hercule se décidera-t-il à nettoyer ces Gémonies?

Il est vraiment singulier de voir combien, par indifférence ou ignorance, le peuple fait peu de cas des services utiles et réels, et de ceux qui les lui rendent. Il tient en maigre estime les hommes distingués dans la science, le travail. En revanche, il admire les sommités de la Religion, de la politique et de la finance! Peut être ne préférerait-il plus Barrabas à Jésus! Mais il garde encore toute son admiration pour des intrigants, beaux parleurs, hâbleurs religieux et politiques, qui lui font, en phrases pompeuses, les plus belles promesses, sauf à ne pas en tenir un mot, une fois arrivés au but de leur ambition malsaine.

Denis Papin, Jacquard, Parmentier, lui sont indifférents. Mais Louis XIV est un grand roi, et Napoléon Ier un homme de génie; et il continue à faire des funérailles splendides, décerne le titre de père de la Patrie, et élève des statues à tel avocat, parti de rien, mort en laissant 20 à 25 millions gagnés en trente années dans la politique, la spéculation et l'agiotage, et ayant réussi à se donner toutes les apparences de l'honnêteté.

En somme, il n'existe aucune raison sérieuse pour que l'Etat et les communes ne puissent faire ce qu'ont fait MM. Boucicaut pour les tissus, Ruel ou Duval pour l'alimentation, Potin pour les produits alimentaires, Chardon-Lagache pour l'assistance publique, etc, etc., et ce qu'il fait déjà pour la poudre et le tabac, la construction des navires dans les arsenaux maritimes, les armes, les porcelaines de Sèvres et les tapisseries des Gobelins.

2e Objection : Le même : « J'admets encore que l'Etat puisse être bon administrateur, mais n'est-il pas à craindre qu'en lui confiant la gestion de tous les services publics, étant donné le pouvoir dont dispose déjà le gouvernement, il devienne trop puissant, et que cela conduise à l'anéantissement de toute liberté, à une tyrannie insupportable? »

Réponse : Il ne faudrait pourtant pas faire de confusion. Autre chose est la politique, et autre chose l'économie. Gouvernement n'est pas administration ; pouvoir politique et état économique font deux.

Lorsque Louis XIV, entrant tout botté et cravache en main en Parlement, disait : « l'Etat, c'est moi! », c'était bien possible. Le roi tenait alors son autorité de Dieu, c'est-à-dire de personne. Il était maître absolu. Aujourd'hui le chef de l'Etat n'est plus le délégué d'une puissance étrangère ou inconnue. Il émane directement de la nation par le suffrage universel. L'Etat, ce n'est plus lui, c'est tout le monde représenté par les électeurs et leurs mandataires, ou députés.

Il y a, du reste, au point de vue de la liberté et des capacités, un critérium indiqué par l'expérience même, et qu'on peut formuler ainsi : tout fonctionnaire d'un service utile, nommé après examen, et désigné de bas en haut, au suffrage, restera indépendant, et sera le plus capable.

Ainsi, tandis qu'en politique, le gouvernement nomme selon son bon plaisir les fonctionnaires, et conserve les tendances au favoritisme et au pouvoir personnel, qu'il faut lui arracher morceau par morceau, et à son corps défendant ; dès qu'il touche à un service économique et fait de l'administration, il devient impuissant. C'est que les fonctionnaires ont subi un examen de capacité, et qu'ils ont conscience de leur utilité. Et pourtant, ils sont encore nommés et choisis par le gouvernement, c'est-à-dire de haut en bas!

Voyez les postes, les ponts et chaussées, l'enregistrement, le télégraphe, les tabacs! Est-ce que les fonctionnaires ne sont pas indépendants, en dehors de leur service? Sont-ils soumis, assujettis au gouvernement? Ils s'en soucient bien. Ils ont été nommés après examen, commissionnés, et on ne peut se passer d'eux, ni les remercier sans motif sérieux.

En politique, c'est différent. L'employé est naturellement un soutien du pouvoir. La raison en est bien simple. La plupart des emplois politiques sont inutiles, et les titulaires, à la merci du gouvernement qui peut les disgràcier selon son caprice, ne désirent pas le moins du monde que rien soit changé à l'ordre actuel, puisqu'ils pourraient perdre leur situation au changement.

Il est évident que le clergé, le sénat, les maréchaux, les magistrats inamovibles, les contributions indirectes, les douanes, sont et seront toujours des amis du pouvoir le plus fort. Mais qu'importe le gouvernement aux fonctionnaires d'un service économique et utile, qui, vivant d'un traitement de 2,000 à 5,000 francs, courent simplement la chance, dans un ordre nouveau, de le voir augmenter ?

DERNIÈRE OBJECTION : Un homme de mauvaise foi, sceptique, cynique et paradoxal, viveur et millionnaire, membre de sociétés de courses pour l'amélioration de la race chevaline, membre de sociétés de tir aux pigeons, et de la société protectrice des animaux : « Monsieur, vous me paraissez entretenir une araignée généreuse et respectable. Certes, il est bien d'avoir de nobles sentiments, et cette confiance dans l'humanité et dans l'avenir vous honore. Mais ce sont là de pures utopies. Tenez, voulez-vous que je vous donne un bon conseil ? Il faut hurler avec les loups. Donc, mangez, buvez, dormez, amusez-vous, surtout enrichissez-vous par tous les moyens possibles. L'essentiel est de rester en paix avec les gendarmes. Voilà toute la morale, et toute la sagesse humaine et divine ! »

Réponse : Monsieur. vous parlez d'or; vos conseils sont d'un homme sincère, et, quand nous avons bien dîné, tout le monde doit être content. Le pire est qu'il n'y a plus de tranquillité. Vous avez 4 ou 500 mille francs de rentes; vous sortez à pied ou en voiture pour faire un tour au bois, fumer un excellent cigare, et goûter un peu de calme ! Point ! Vous ne rencontrez que gens à figures menteuses; les uns opulents ou parvenus, mal élevés, insolents ou hypocrites; les autres besoigneux, bien ou mal mis, suant la fatigue, la peur, la misère, le souci du lendemain, et vous regardant d'un œil louche. On fait pourtant ce que l'on peut pour soulager tout cela. De temps en temps, apparaît même quelque philantrope richissime et généreux, qui, lâchant une bribe de ses revenus illimités, fait élever des monuments, des statues, pour le charme des yeux, des fontaines où ces gens ont de l'eau à boire à discrétion, peuvent se rafraîchir et se désaltérer gratis ! Et ils se plaignent toujours ! Ce peuple est insatiable !

Ils n'ont cependant pas été élevés comme nous, dans le luxe et les plaisirs ! Ils ignorent combien cette existence est pénible ! Habitués à vivre de rien, ayant peu de besoins, ils ne savent pas combien ils sont heureux ! Ils gagnent régulièrement, lorsqu'ils ont du travail, de deux à six francs par jour, non férié, ce qui leur fait bien de 8 à 1,500 fr. par an ! Et ils ne trouvent pas, avec cela, moyen d'entretenir leur famille ! Ils dépensent tout, sans songer à faire la moindre économie, en cas de maladie ou d'accident. Est-il bien étonnant qu'ils en arrivent un jour à se trouver malheureux ?

Et pourtant, l'assistance publique est là, sans compter la charité privée ! Mais ils ne veulent rien entendre. La religion leur offre ses secours ; ils les refusent. Si du moins on avait encore l'inquisition, pour faire leur salut malgré eux, et sauver l'âme en brûlant le corps ! Mais, hélas ! nous n'avons plus cette ressource ! Ils ne croient même plus en Dieu ! Ils vont jusqu'à prétendre, malgré les affirmations des hommes le plus compétents et désintéressés, qu'il y a une question sociale, et que la charité n'est qu'une duperie. Ils ne tendent à rien moins qu'à détruire la pauvreté et la misère ; de telle sorte, qu'un jour, les riches n'auraient même plus le plaisir et la consolation de faire la charité ! Supprimer la charité ! C'est odieux.

En politique, ils n'ont plus confiance en personne. Et le pire est qu'ils tiennent le suffrage universel et ne le lâcheront pas ! Vous leur proposez de prendre en main leurs intérêts ! Et, lorsqu'ils vous ont donné leurs voix, si vous reconnaissez, de la meilleure foi du monde, que vous avez fait fausse route, en acceptant tel ou tel programme, vous avez beau leur faire entendre que vous vous êtes trompé, et qu'il n'est jamais trop tard pour revenir d'une erreur. Rien ! Ils prétendent que vous les avez dupés, et vous traitent d'intrigant, de renégat, de farceur !

Puis ils ont Paris ! Paris, avec ses 2 millions d'habitants, son unité, sa richesse, sa science, son activité, son ironie, sa puissance! C'est là qu'est le mal! Sans Paris, Monsieur, on pourrait, avec un peu de bonne volonté, et des gouvernements forts, maintenir l'ordre dans toute l'Europe, ramener le bon temps, raffermir la religion, et rétablir au besoin la sainte Inquisition! Mais ce Paris, impossible de l'entamer! S'il se fâche, il est terrible! Et, si l'on tente de le briser, il renait bientôt, plus puissant encore, de sa cendre!

Décidément, Monsieur, il n'y a plus rien à faire, et il a été sage à vous de lâcher les hommes, et de chercher à améliorer les chevaux et protéger les bêtes. Elles sont au moins reconnaissantes, et le prouvent sous forme de biftecks et côtelettes, rôtis, salmis, civets et pâtés! Il n'y a que cela de vrai, et, après nous, le Déluge!

Vous avez donc mille fois raison, et, assurément, auprès de vous, Moïse et Jésus, Socrate et Platon, Saint-Paul et Caton, Képler et Galilée, Jean Huss et Luther, Pascal et Newton, La Bruyère, Montesquieu, Diderot, Condorcet, d'Alembert et Voltaire, Malthus et Cobden, Saint Simon, Proudhon, Comte et Darwin, n'étaient tous que des ânes!

SIMPLE AVIS

AUX

ÉLECTEURS ET DÉPUTÉS

En 1789, les Etats-Généraux, convoqués par Louis XVI, se déclarèrent Assemblée Nationale Constituante. Cette Assemblée était élue par les trois Ordres entre lesquels était partagé le peuple français, savoir : un quart par le Clergé, un quart par la Noblesse et moitié par le Tiers-Etat, composé de tous les citoyens inscrits au rôle des contributions directes.

Bien que la moitié de ses membres eûssent été élus par les classes privilégiées, elle se montra, dès le commencement, pénétrée de la grandeur de sa mission, et décidée à opérer de larges réformes. Ce fut la réunion la plus admirable qu'on ait jamais vue d'hommes éminents par la capacité politique et le patriotisme, profondément dévoués à la cause du bien public.

Elle avait recueilli l'héritage de la philosophie du XVIIIe siècle et se crut appelée à faire passer dans la pratique toutes les idées fécondes qu'avaient courageusement propagées Voltaire, Rousseau, Diderot, Montesquieu, Mably, etc. *Pendant le court espace de deux ans*, elle réorganisa la France de fond en comble. Elle forma une nouvelle distribu-du territoire, de manière à consolider l'unité nationale; elle fit succéder l'ordre au chaos, la justice à l'arbitraire, reconstitua la législation sur toutes les matières les plus importantes, le culte, les finances, la justice.

Le couronnement de son œuvre fut la Constitution du 3 septembre 1791, précédée de la Déclaration des Droits de l'Homme et du Citoyen. On est stupéfait en présence de ces prodiges d'activité, surtout si l'on considère l'impuissance et la stérilité de certaines assemblées modernes.

(Extrait des *Principes de 89*, par A.-S. MORIN, 1881. Jeanmaire, libraire, 32, rue des Bons-Enfants.

PROGRAMME DE RÉFORMES

RÉFORMES GÉNÉRALES ET ADMINISTRATIVES

Election chaque année des conseillers municipaux et députés.

Diplôme d'instruction primaire pour tout électeur.

Réduction du nombre des députés à un par 100,000 habitants. Elections au scrutin de liste.

Maires et conseillers généraux élus par les conseillers municipaux.

Préfets élus par les conseillers généraux.

Ministres et président de la République élus par les députés.

Suppression du Sénat.

Suppression des sous-préfectures.

Indemnités aux maires et conseillers.

Rétribution de toutes fonctions.

Classes de traitements établies suivant le nombre des administrés.

Fonctionnaires commissionnés par les directeurs des services correspondants, après examen, et sur présentation des collègues du même ordre.

Aucun traitement supérieur à 50,000 francs et inférieur à 1,000 francs.

Services publics rendus à prix de revient, en ne tenant compte que des frais d'administration.

Compte-rendu détaillé des recettes et dépenses de chaque exercice, adressé a tous les électeurs.

Réformes Economiques et Sociales

PREMIÈRE SÉRIE

Cultes. — Suppression du budget des cultes.

Liberté pour les communes de faire gérer par l'Etat le culte, suivant le mode adopté pour les services publics. Location des églises et frais payés par ceux qui s'en serviront.

Justice. — Election au suffrage des juges de paix et magistrats.

Un juge de paix et deux assesseurs par canton.

Compétence des juges de paix étendue à toutes causes qu'ils décideront pouvoir être réglées par eux.

Suppression de l'inamovibilité.

Affaires criminelles et correctionnelles soumises au jury.

Revision des codes.

Abolition de tous anciens décrets.

Police. — Police gérée par les communes.

Gendarmerie gérée par l'Etat.

Impôt. — Abolition de tous impôts existants.

Etablissement d'un impôt unique basé sur la fortune ou le revenu. Division en quatre ou cinq classes, depuis 1,000 francs et au-dessous, jusqu'à 100,000 et au-dessus. Simple déclaration des contribuables.

Perceptions rattachées à la Banque de France.

Finances. — Rachat de la Banque de France par l'Etat. Rattachement au ministère des finances. Suppression des trésoreries. Annexion à la Banque de la Caisse des dépôts et consignations.

Armée. — Service militaire réduit à un an dans l'armée active, et six mois dans la réserve. Examens. Nomination des chefs à l'examen.

Enseignement. — Instruction laïque, scientifique et professionnelle.

Instruction primaire, gratuite et obligatoire.

Collation des grades par l'Etat.

Examens par commissions et inspecteurs de l'Etat.

Suppression des subventions aux facultés de théologie et séminaires.

Réunion de l'Ecole polytechnique à l'Ecole centrale.

Réunion de l'Ecole des mines à l'Ecole des ponts-et-chaussées.

Dette publique. — Remboursement par émissions de billets de la Banque de France.

Assistance publique. — Création par les communes et l'Etat de dépôts de mendicité et maisons de retraite.

Pétitions et réclamations. — Création de services de pétitions et réclamations publiques.

DEUXIÈME SÉRIE

Rachat ou expropriation des chemins de fer par l'Etat.

Réunion au ministère des travaux publics. Création de tickets kilométriques de 3 séries, 1 à 50, 50 à 100, 100 à 200 kilomètres et au-dessus.

Unification des tarifs et des délais de transport pour les marchandises.

Création d'un réseau de canaux pour favoriser l'industrie et le commerce, et éviter les inondations.

Emploi de l'armée aux travaux publics.

Rachat des charges de notaires, agents de change, avoués, huissiers, greffiers, commissaires-priseurs, etc.

Rachat des assurances contre l'Incendie, sur la Vie, etc. Organisation mutuelle et gestion par l'Etat.

Rachat par l'Etat et les communes des services de gaz, omnibus, tramways, voitures, bateaux, déménagements, commissionnaires, halles et marchés, bains, vidanges, services funèbres, agences d'affaires, de placement, de renseignements, de mariages.

TROISIÈME SÉRIE

Rachat de la propriété foncière et immobilière.

Création d'un ministère de la propriété. Entretien et construction. Gestion par l'Etat et les communes.

QUATRIÈME SÉRIE

Rachat et gestion de la propriété agricole, industrielle et commerciale.

Ministères de l'agriculture, de l'industrie, du commerce, des beaux-arts.

Direction de la fabrication, de l'achat et de la vente, compagnies ouvrières.

Services des mines, forêts, produits alimentaires, tissus et vêtements, mobilier, métallurgie, médecine, pharmacie, hygiène, imprimerie, librairie, etc. etc.

Cités agricoles et industrielles.

Garanties par l'Etat aux artistes, peinture, sculpture, littérature.

Brevets d'invention à prix de revient.

Commissions pour examens et exploitation des inventions et découvertes.

Suppression des subventions artistiques.

QUATRIÈME PARTIE

La Fédération Européenne

L'EUROPE

(Allégorie)

Par delà les glaces polaires, les mers inexplorées, les régions infranchissables aux navigateurs, et vaguement entrevues par les rêveurs et les poètes, se trouve un continent exactement semblable au nôtre, et habité par une seule nation que l'on appelle l'Europe.

Cette nation était autrefois divisée en plusieurs groupes, Français, Allemands, Russes, Autrichiens, Italiens, Espagnols, Belges, Suisses, Suédois, Danois, Norwégiens, Hollandais, Grecs, Turcs et Anglais.

Les Anglais habitaient une île, voisine du continent et avaient été les derniers à adopter les institutions qui avaient réuni tous ces groupes en un seul, et constitué l'Europe.

L'Europe comprend aujourd'hui 300 millions d'habitants, occupant un territoire de 9 millions de kilomètres carrés, parlant la même langue, et ayant les mêmes institutions, la même organisation sociale, scientifique, commerciale, industrielle. Le sol en est riche et fertile, et produit tout ce qui peut servir aux nécessités, au bien être de l'existence.

Jadis, tous ces peuples divers avaient chacun des mœurs, une langue différentes. Laborieux et économes, ils exploitaient les fleuves et les mers, la terre et les mines, se livraient au commerce, à l'industrie, à l'art et à la science. Ils étaient gouvernés par des corps appelés politiques, à la tête desquels se trouvait un chef, roi, empereur ou président, selon que le groupe était constitué en royaume, empire ou république.

Jadis, aussi, ils étaient tous en guerre les uns contre les autres, malgré que leurs intérêts fussent à tous exactement identiques. Depuis une époque très reculée et perdue dans la nuit de l'histoire, ils avaient traversé successivement divers fléaux, qui, devenus légendaires, se désignaient sous le nom de lèpre, esclavage, peste, famine, choléra, inondations, guerre, maladies, misère. La misère avait été le dernier terme de ces évolutions de l'âge de fer, et l'Europe s'en étant débarrassée, était définitivement, et, presque sans s'en douter, entrée dans l'âge d'or.

Un fait bien naturel, et vraiment singulier en raison de sa simplicité, avait déterminé l'anéantissement de la misère, et l'avénement de cette portion de l'humanité, aux temps rêvés par les justes et les poètes.

L'un des groupes, la France, qui était le plus actif, le plus laborieux, le plus économe, et, partant, le plus riche, avait créé une dette de 25 milliards. Cependant sa richesse s'était élevée, à un moment, à 100 milliards environ pour la propriété foncière et immobilière, et 100 milliards pour la propriété industrielle, sans compter la monnaie servant à l'échange ; le tout donnant un revenu de 12 à 14 milliards.

Un beau jour, donc, le pays s'était mis en tête de payer ses dettes, et de gérer lui-même tous les services publics, au moyen de l'Etat, en République. La réalisation de ces idées, d'une économie primitive et bien entendue, avait eu des conséquences que le rêveur le plus éthéré n'aurait jamais pu prévoir, avait causé la ruine de l'ancien régime, et fait régner le bon sens et la raison à la place de toutes les sottises religieuses et politiques dans lesquelles le peuple croupissait depuis des siècles.

Voici comment les choses s'étaient passées.

La France avait une population de 36 millions d'habitants, occupant un territoire de 54 millions d'hectares. Au point de vue religieux, elle était divisée en plusieurs sectes, catholiques, protestants, juifs, libres-penseurs ; la religion avait été longtemps une cause de discordes et de guerres et avait fini par être peu à peu éliminée par la science et les intérêts économiques.

Au point de vue politique, elle avait été le plus souvent gouvernée par des rois ou empereurs. Mais des révolutions violentes et une guerre désastreuse qui lui avait coûté deux provinces et 10 milliards, avaient fait adopter la forme républicaine ; et, malgré des difficultés et des résistances sans nombre, elle était parvenue à asseoir solidement quelques institutions, telles que le suffrage universel, une instruction largement distribuée, une certaine liberté de presse et de réunion, une organisation militaire nationale, qui l'avaient mise à l'abri de toutes tentatives des anciens partis monarchiques.

Au point de vue économique et social, elle était complètement livrée à l'anarchie, à la concurrence, à la lutte des égoïsmes et des intérêts individuels. Sous l'influence du luxe ou de la misère qui régnaient en maîtres, toute espèce de sens moral avait peu à peu disparu chez les individus, et avait fait place à la seule tendance, à jouir dans le présent, se garantir de l'avenir, et, s'enrichir par tous les moyens possibles. On s'était vu, à un moment, littéralement envahi et empoisonné par la spéculation, le mensonge, la fraude, la falsification de tous les produits, que l'on payait en outre de deux à cent fois plus ou moins de leur valeur, par suite des frais et des nécessités qu'entraînaient la division du travail à l'infini, et la lutte individuelle pour la vie.

En raison de cette anarchie économique, la presque totalité de la propriété foncière, immobilière, industrielle et commerciale, appartenait aux deux dixièmes de la population. Une seule ville, Paris, rapportait en loyers 750 millions par an à 8 ou 10 mille propriétaires, sur 2 millions d'habitants. Les valeurs industrielles, les rentes de la dette, étaient représentées par des titres, actions et obligations, qui s'échangeaient dans un établissement spécial appelé la Bourse. Grâce à ce système, et à l'agiotage et la spéculation, organisés en marchés à terme et à primes, qui étaient de pures opérations de jeu, autorisées par le gouvernement, les deux dixièmes propriétaires arrivaient à absorber sans cesse les économies et la richesse publiques. En sorte que les huit dixièmes producteurs, travaillaient comme des esclaves, pour vivre, payer des impôts, rétribuer des situations politiques et religieuses, fournir les intérêts de la dette, les loyers de la propriété, et des bénéfices industriels et commerciaux, aux deux autres dixièmes, propriétaires, qui travaillaient peu ou point, et ne produisaient rien, ou peu de chose.

Un beau jour, tandis que, depuis des années, tous les hommes compétents, à la Chambre, au Sénat, au sein des sociétés savantes, péroraient, discutaient, et quintessenciaient les moyens d'opérer des conversions sur les rentes, ou de créer de nouvelles dettes pour payer les anciennes, un naïf, bon, simple et crédule, nommé Sirius, émit cette idée bête, que, la France étant riche à 200 milliards au moins, il était bien singulier qu'elle ne pût en rembourser 25 qu'elle se devait à elle-même, et racheter une propriéte foncière et immobilière, évaluée 100 milliards, qui lui rapporterait tout aussi bien 5 milliards à elle, si elle le voulait, qu'aux quelques propriétaires qui l'exploitaient.

Il ajoutait même que ces derniers n'y perdraient rien, puisqu'en premier lieu, on leur paierait leur propriété, et qu'en second lieu ils resteraient toujours propriétaires du tout, et deviendraient seulement locataires de la partie.

Il trouvait étrange qu'une nation se prêtât ainsi de l'argent à elle-même, à gros ou petits intérêts, à seule fin de travailler beaucoup, se rendre esclave du capital et du travail, et entretenir dans le luxe et l'oisiveté une classe de rentiers et propriétaires, à qui elle rendait ainsi un bien mauvais service.

Il prétendait qu'il n'est pas plus difficile à un pays ayant 200 milliards de capitaux de payer une dette 25 ou 100 milliards, qu'à un homme riche de 200 mille francs, de payer une dette de 25 ou 100 mille francs ; et qu'il n'y avait pas de loi qui pût empêcher une nation de se libérer de sa dette quand elle était en mesure de le faire.

Ce naïf Sirius émettait en outre les idées les plus bizarres, soutenait les thèses les plus extravagantes et paradoxales sur toutes sortes de sujets, prétendant, par exemple :

Que les premières nécessités de la vie étaient de se nourrir, se vêtir et se loger, et cela aussi bien pour un individu que pour une société; qu'en conséquence, les services publics correspondant à ces nécessités, tels que l'agriculture, l'industrie, le commerce, l'alimentation, l'habillement, le logement, la banque, les chemins de fer, postes, télégraphes, canaux, etc., devaient être classés en première ligne dans l'économie sociale.

Qu'en deuxième ligne venaient l'ordre à l'intérieur et à l'extérieur, justice, police, instruction, défense nationale, finances.

Enfin, en troisième ligne, les beaux-arts, littérature, arts du dessin, musique, art dramatique.

Que la seule forme d'administration sociale propre à une nation riche et aspirant à la justice, était la République; puisque République signifiait précisément administration de la chose publique, et non gouvernement.

Que la forme républicaine, avec le suffrage universel comme base des institutions, et les libertés de presse et de réunion, était la meilleure garantie contre les révolutions violentes; et que le peuple devait dès lors répudier énergiquement l'insurrection et la guerre; attendu que l'une et l'autre produisent des ruines, des destructions d'hommes et de capitaux; qu'elles étaient, en conséquence, un aliment à la misère, un obstacle au développement de la richesse, à la réalisation des réformes appelées par les esprits, à la marche de l'humanité dans le progrès; qu'en somme elles profitaient surtout aux réactions en servant de prétexte pour supprimer les énergies et restreindre les libertés.

Que la seule raison d'être de l'Etat, en République, était d'organiser et gérer tous les services publics, étant apte à les rendre le mieux et au meilleur marché possible, par leur centralisation et leur socialisation.

Qu'en République il n'y avait rien à redouter pour le pays de cette centralisation économique par l'Etat; puisque étant donné le suffrage universel, les citoyens restaient maîtres de la situation, les plus hauts fonctionnaires eux-mêmes n'étant que leurs mandataires.

Que tous les services publics devaient être rendus

par l'Etat à titre gratuit, c'est-à-dire sans bénéfices, en ne tenant compte que des frais de gestion ; en sorte que l'impôt fût, autant que possible, perçu sur les services mêmes, et payé par les citoyens qui les recouvraient.

Que, pour les services auxquels participaient également tous les citoyens, il était facile de créer un impôt unique, basé sur la fortune et les revenus, classés en quatre ou en cinq séries.

Qu'aucune fonction ne devait être impayée; que toutes devaient être rénumérées par des traitements fixes.

Que les fonctionnaires ne devaient être nommés qu'après examens de capacité, et qu'il fallait en outre s'appliquer à les choisir surtout en raison de leur bon sens et de leur probité, intègres, et ne transigeant pas avec le devoir et le sentiment de la justice.

Qu'en République, les Sénats étaient parfaitement inutiles, une cinquième roue à une voiture, un obstacle au développement normal et régulier des institutions et des libertés.

Que les députés devaient être nommés chaque année, sur la présentation de comités élus, desquels ils recevraient un mandat spécial et défini, et à qui ils devraient rendre compte de la façon dont ils l'auraient rempli.

Que la diplomatie coûtait fort cher pour les services qu'elle rendait; que le droit des gens était une singulière idée, et qu'une nation attaquée ou envahie avait tous les droits du monde de se défendre et chasser l'envahisseur par tous les moyens possibles, et en se servant de tous les engins de destruction que l'art et la science pouvaient mettre à sa disposition.

Que tout citoyen devait, en attendant la suppression de l'état de guerre et des armées permanentes en Europe, faire partie pendant un an de l'armée active, et pendant six mois de la réserve ; et que l'instruction militaire devait être comprise même dans l'enseignement primaire.

Que l'enseignement de l'Etat ne devait comporter que des matières utiles au point de vue littéraire, scientifique, agricole, industriel, commercial, artistique et social.

Que la justice devait être complètement réformée, les codes revus et simplifiés, et que l'étude du droit ne servait guère qu'à fausser le jugement des hommes de loi, et donner naissance à la chicane.

Que l'assistance publique devait être largement distribuée, jusqu'à extinction complète de la misère, puis organisée par l'Etat comme assurance mutuelle sur la vie.

Que la banque, les chemins de fer, les postes, télégraphes, canaux, mines, ponts et chaussées, l'agriculture, l'industrie, et le commerce, le sol et les immeubles, devaient être gérés par l'Etat comme services publics, et devenir propriété collective.

Naïf et excellent Sirius ! A son avis, la propriété individuelle était la principale raison des méfaits, des crimes qui dégradent les personnes et les familles, et avec elle disparaîtraient les trois quarts des procès, des discussions et des dissensions sociales.

Il pensait que la misère ne devrait pas exister dans une nation aussi florissante que la France, pas plus que dans une famille riche, dont un seul enfant serait exposé à se voir dépouiller et déshériter ; que la charité individuelle cachait trop souvent une duperie ou une réclame, et ne servait guère qu'à entretenir le paupérisme, qui procurait aux riches le plaisir de faire la charité ; que, au surplus, celui qui avait 100,000 francs de rentes était bien moins charitable en donnant 10,000 francs que celui qui en avait 1,000 en donnant 1 franc ; attendu que le dernier était assurément plus gêné par la privation d'un franc, que le premier par le manque de 10,000 francs.

Il aurait voulu voir créer partout, par l'Etat et les communes, des dépôts de mendicité, asiles et maisons de refuge où les besoigneux, les vieillards, pourraient trouver pour rien le bien-être, une occupation et l'assurance de mourir en paix.

Il ne pouvait admettre que des femmes et des enfants fussent obligés, par la société et le besoin, de travailler pour gagner leur vie, et que les femmes eûssent d'autres fonctions que celles de l'intérieur, de la famille et de l'éducation, des écoles, hospices et maisons de retraite.

Il pensait que les dettes publiques, les rentes sur l'Etat, les actions et valeurs industrielles étaient une anomalie dans une nation riche, un aliment permanent à la misère et à la démoralisation, à la spéculation et à l'agiotage ; que la Bourse était une institution malsaine, un tripot où les cartes étaient biseautées et les dés pipés, et n'offrant même pas les chances de hasard du baccarat ou de la roulette ; que le gouvernement, en accordant un privilège à des agents de change, officiers publics, pour travailler sur des opérations à terme ou à prime, donnait l'exemple d'une triste moralité, et que ces agents de change faisaient ainsi un métier délicat, remplissant dans ces opérations le rôle d'un boocmaker aux courses ou d'un croupier à la roulette, avec la seule autorisation du gouvernement en plus.

Simple et honnête Sirius ! Il blâmait fort le népotisme, les sinécures, les subventions accordées à l'art et aux théâtres, prétendant que l'art était le luxe de l'existence, et qu'il n'était pas très correct pour offrir, par exemple, 800,000 francs de subvention à l'Opéra, d'en faire payer une partie en impôts par des paysans, des ouvriers, qui ne le soupçonnaient même pas, et qui travaillaient beaucoup pour entretenir leur famille à raison de vingt sous par jour.

Il soutenait que l'octroi et les impôts de consommation étaient indignes de législateurs honnêtes ; et que taxer du même droit le vin frelaté à dix sous le litre que pouvaient s'offrir les classes laborieuses, et les vins les plus généreux dont s'abreuvaient les opulents, était une simple iniquité.

Il trouvait peu délicat ce procédé de compagnies qui, à Paris, faisaient payer, les dimanches et jours de fêtes, les deux tiers en sus du prix des autres jours, à des ouvriers, employés et gens peu fortunés, qui n'avaient que ces jours-là de libres pour aller se reposer un peu à la campagne.

Il pensait aussi qu'il n'était guère logique que les prix des tarifs allâssent toujours en croissant, selon la longueur du trajet, tandis que, pour les postes, une lettre ne coûtait pas plus cher pour aller du Havre à Marseille que de Paris à Pantin.

Il était d'avis que l'on devait travailler à la création de nombreux canaux, pour le transit des marchandises, et que l'on pourrait, en leur donnant des directions utiles, atténuer les ravages des inondations qui dévastaient parfois des contrées entières.

Il pensait que l'Etat s'en chargerait avec avantage et pourrait même employer les soldats de bonne volonté à ces travaux et à d'autres d'utilité publique ; que, grâce à l'aide de ces soldats organisés en compagnies ouvrières, on arriverait à de grands résultats comme économie de temps et d'argent, même en augmentant de quelques sous la haute paye de cinq centimes par jour qui leur était octroyée en temps ordinaire.

Il prétendait que : Liberté, Egalité, Fraternité, étaient des principes un peu platoniques et ne pouvaient être pris dans un sens absolu ; que la liberté, s'appliquant au mal comme au bien, était, conséquemment, une antinomie, et ne pouvait être pratiquée que définie par le contrat social, la loi ; que, d'ailleurs, la première condition pour être libre, aussi bien pour un individu que pour une société, est de n'avoir pas de dettes, et la seconde d'être riche ; attendu que le capital, produit ou monnaie, or, argent, papier ou nature, étant la nécessité de l'échange et de l'existence, celui qui ne possède rien reste à la merci de celui qui possède.

Que l'Egalité ne pouvait être praticable que moralement, c'est-à-dire dans le sens des droits et des devoirs ; et que la fraternité ne pouvait exister que dans une société composée d'individus exempts de vices et de passions ;

Que ces deux termes, Egalité et Fraternité pouvaient, d'ailleurs, parfaitement se résumer en un seul, Solidarité, qui signifiait identité des intérêts, égalité des droits, réciprocité des devoirs, responsabilité individuelle et collective.

Il était d'avis que la Religion était simplement affaire de luxe, attendu qu'on pouvait vivre fort honnête, sans en avoir aucun souci ; qu'avant de songer à faire son salut dans un autre monde, dont l'existence était, du reste, problématique, il était mieux de chercher d'abord à vivre honnêtement en celui-ci ; qu'un Dieu qui protège trop souvent les scélérats, au mépris des honnêtes gens qu'il met à mal ; qui se fait chanter des *Te Deum* pour célébrer des victoires et des tueries d'hommes, des ruines et de la destruction, ne pouvait être, à tout hasard, et s'il existe, qu'un malfaiteur, et ne méritait pas que les hommes eussent souci de lui, autrement que pour lui faire la guerre et en purger la Société.

Que les prêtres, au lieu de déclamer en latin des litanies, des psaumes et des oremus, à des malheureux qui répondaient *Amen!* sans trop savoir ce qu'ils voulaient dire, feraient beaucoup mieux de leur enseigner en bon français des choses sensées, et une morale basée sur le respect de soi-même, et les devoirs des hommes les uns envers les autres.

Que l'Etat n'avait donc pas à s'occuper de religion, en tant que service d'utilité publique; qu'au surplus chacun devait être laissé libre d'avoir une religion et de pratiquer un culte, si cela lui semblait bon, à condition d'en payer les frais, et de ne gêner personne; mais, que conserver un budget des cultes, et le faire payer en impôts par des mécréants, ou des libres-penseurs, était aussi peu délicat de la part de ceux qui maintenaient ces institutions, que de la part de ceux qui en profitaient sans scrupule.

Il pensait que la patrie est un non-sens en dehors de la Liberté et de la Solidarité; que, du reste, les intérêts des hommes étaient partout exactement identiques, à savoir de produire, par le travail et l'économie, le plus de richesse morale et matérielle possible, et de l'organiser socialement, selon la justice; qu'en conséquence, la seule patrie logique était la terre, et que celui-là faisait nécessairement acte du plus pur patriotisme, qui travaillait au progrès de la justice, non pas seulement en vue de son pays, mais de l'humanité tout entière; que, cependant, un groupe d'hommes avait bien le droit de se constituer en nationalité, dans le but de se garantir mutuellement contre des agressions étrangères possibles, et d'arriver, par la solidarité, la socialisation de leurs forces, à un plus grand développement de richesse, à un rayonnement plus puissant de leur intelligence et de leurs idées.

Il ne cachait pas sa sympathie pour tous les peuples du continent, qui, disait-il, pauvres pour la plupart, et encore attachés à la glèbe, étaient incapables de travailler à leur affranchissement, ne concevaient la liberté que comme un rêve, et ne pouvaient qu'espérer et attendre que la voie leur fût ouverte par les plus fortunés et les plus forts.

Il professait toutefois un profond mépris pour l'aristocratie anglaise, cette vieille et égoïste Albion, *Old England*, comme il l'appelait, parce qu'elle était la plus riche du globe, et qu'au lieu de marcher en tête du progrès, elle ne voulait rien changer à ses institutions, grâce auxquelles, au droit d'aînesse, surtout, et à la pairie héréditaire, les trois-quarts de la nation croupissaient dans la médiocrité ou la misère, et presque l'esclavage.

Il trouvait odieux que les lords et le gouvernement, non contents de pressurer le travail et la fortune publique, chez eux, allâssent encore, sous le faux prétexte de coloniser et civiliser des indigènes de tous pays, les exploiter à un point de vue purement industriel et commercial. Son mépris allait jusqu'à l'ironie, quand il parlait des juges rendant encore, dans ce royaume en retard, la justice en perruques.

Pour arriver à la réalisation de ces idées, Sirius prétendait que la marche à suivre, la méthode, étaient très simples, et se résumaient dans les résolutions suivantes :

1° Abstention énergique de toute insurrection, tous mouvements et moyens violents; protestation contre toute guerre ou intervention armée, sous quelque forme qu'elle se présentât.

2° Diffusion des idées et questions économiques et sociales, par la presse, la parole, les livres, journaux, réunions privées et publiques.

3° Mandats impératifs et définis donnés aux députés, conseillers et hommes politiques, par des comités élus, à l'effet de réaliser les réformes réclamées.

4° Rachat par l'Etat de la Banque de France et de de ses succursales.

5° Emissions successives de billets de banque pour le remboursement de la dette publique et le rachat, l'expropriation ou la création de tous les services publics et de la propriété.

6° Formation de colonies et districts agricoles et industriels, et de compagnies ouvrières, et création d'entrepôts, magasins généraux et succursales dans tout le pays.

Telles étaient les fantaisies et les chimères que cet extravagant Sirius exprimait tout haut à qui voulait les entendre, et lorsqu'il en trouvait l'occasion. Il était même arrivé à les formuler, à leur donner un corps qui les faisaient paraître justes et sensées. Si bien que d'autres esprits, bizarres comme lui, les ayant adoptées et répandues dans le pays, par la parole, les livres et les journaux, elles firent du chemin. Et un jour advint qu'il ne se trouva pas un paysan, le plus ignorant et fanatique de la Basse-Bretagne, qui n'eût conscience d'être, en effet, un malhonnête homme; pas même un sénateur, si intelligent et peu scrupuleux qu'il fût, qui ne comprît qu'il se rendait complice ou fauteur de choses peu propres, et osât soutenir les errements des institutions existant.

Il avait donc fallu se résigner, de gré et de force, de par la loi de la logique et de la raison. Pressé par l'opinion publique, l'Etat avait d'abord racheté la Banque de France et ses succursales. A ce moment, l'escompte était tarifé à 3 0/0 et les prêts sur titres et valeurs à 4 0/0. L'encaisse s'élevait à 2 milliards. Les bénéfices étaient de 44 millions par an, soit 24 0/0 du capital versé à l'origine, et, depuis, remboursé nombre de fois en dédoublement des actions.

Puis, l'Etat avait successivement émis 25 milliards en billets, au moyen desquels la dette fut remboursée. En même temps les impôts existant furent abolis et transformés en un impôt unique, dont le service et la perception furent rattachés à la Banque et à ses succursales.

Les premiers résultats, aucune modification n'ayant été faite aux tarifs, furent :

1° L'attribution à l'Etat des bénéfices;

2° Le dégrèvement au budget du chiffre payé chaque année pour le service des rentes;

3° Une économie énorme apportée au Trésor par la simplification du mode d'organisation et de perception de l'impôt.

L'or, l'argent, le papier, continuèrent à circuler comme avant, et bientôt, l'échange au moyen des billets étant infiniment plus simple et plus commode, le numéraire revint naturellement dans les caves de la Banque et atteignit le chiffre de 4 milliards.

L'Etat racheta alors les chemins de fer. Les six grandes lignes, Nord, Est, Ouest, Orléans, Lyon et Midi, comprenaient 3 millions d'actions et d'obligations, formant un chiffre de 12 milliards environ. Ce rachat ne modifia en rien la situation financière et la circulation ; et, successivement, les assurances, les charges privilégiées des agents de change, notaires, avoués, etc., devinrent propriété de l'Etat.

Les communes rachetèrent en même temps les services de gaz, les halles et marchés, abattoirs, compagnies de transports, etc.

Puis, on procéda au rachat et à l'organisation de la propriété foncière et immobilière, et enfin de la propriété agricole, industrielle et commerciale.

Tous les services furent alors rendus gratuitement, et les tarifs ramenés au prix coûtant, en ne tenant compte que des frais de gestion et d'administration.

A ce moment, la Bourse avait à peu près disparu, faute de titres et d'aliments.

En peu de temps, le numéraire et le métal en dépôt à la Banque de France s'élevèrent à 5 milliards.

Il se produisait, en effet, un phénomène bien simple et naturel. La Banque ne faisant pas de bénéfices et n'ayant pas de dividendes à payer, avait abaissé le taux de l'escompte à 1/2 0/0 et le taux de l'intérêt des avances à 1 0/0, c'est-à-dire au niveau approximatif des frais. Or, comme à l'étranger l'escompte était encore à 4 ou 5 0/0, et l'intérêt à 6 ou 8 0/0, toutes les maisons industrielles, commerciales financières, pouvant présenter des garanties, s'efforcèrent, par des dépôts en métal et en numéraire, d'entrer en relations et d'avoir des comptes courants à la Banque, afin de jouir des avantages qu'elle procurait.

Comme, d'un autre côté, les services de commerce et d'industrie étaient organisés en France sur les mêmes bases que la Banque ; comme les produits coûtaient 25 à 30 0/0 meilleur marché qu'à l'étranger, en raison de l'absence de bénéfices et de l'économie réalisée par la socialisation du travail et des forces productrices ; les négociants étrangers, les consommateurs eux-mêmes s'efforcèrent de s'en procurer. Il en résulta, pour la France, un mouvement d'exportation, un envahissement par ses produits que les douanes furent bientôt impuissantes à réprimer.

Comme, en outre, la France n'avait plus de dettes, et que la propriété, libre d'hypothèques, le commerce et l'industrie, socialisés et gérés par l'Etat, appartenaient à la nation; elle n'avait, conséquemment, plus de rentes, de sol, d'immeubles, de valeurs industrielles, actions ou obligations à vendre; en sorte que les billets de banque ne pouvaient servir qu'à racheter de ses produits.

Comme, d'un autre côté, en raison de la facilité de l'existence, l'émigration prenait, chez les peuples voisins, des proportions inquiétantes; il en résulta un tel désarroi dans leurs affaires, un tel encombrement sur leurs marchés, que les gouvernements, pressés par l'opinion publique, et voyant l'industrie et le commerce menacés de ruine, durent abolir leurs propres douanes, créer des Banques d'Etat et les gérer comme la Banque de France; rembourser leurs dettes, transformer l'impôt, racheter et gérer les services industriels et commerciaux; finalement, se mettre eux-mêmes en révolution et en république.

Mais, pendant ce temps, grâce à la richesse et à la circulation, les relations de nation à nation avaient pris un développement énorme et se multiplièrent bientôt au point qu'il fallut peu à peu unifier les tarifs, fusionner les chemins de fer, postes, télégraphes, et tous les services. Des commissions internationales furent instituées à cet effet et l'Europe finit par comprendre que tous les intérêts étaient identiques, quelles que fussent la nation et la race.

Le progrès marcha dès lors à pas de géant. Des systèmes uniformes furent adoptés pour les monnaies, les poids et mesures. Les lois, les langues furent simplifiées et ramenées à un code unique, à une seule grammaire. Les armées furent transformées en compagnies agricoles et ouvrières. D'immenses travaux d'art et d'utilité publique furent entrepris. Des congrès furent nommés pour régler les différends qui pouvaient survenir, et étudier, dans toutes les branches du travail et de la production, science, industrie et art, les progrès à réaliser.

L'Europe fut divisée en plusieurs régions, ayant

pour capitales : Paris, Lyon, Strasbourg, Vienne, Berlin, Milan, Athènes, Constantinople, Bâle, Moscou, Pétersbourg, Stockolm, Amsterdam, Bruxelles et Londres.

Ainsi se produisit et fut constituée la Fédération Européenne, et, par cette voie, l'Humanité entra définitivement dans l'Epoque Artistique et l'Age d'Or.

TABLE DES MATIÈRES

Paris. — Imprimerie Jules NATUREL, 53, rue du Temple.

www.ingramcontent.com/pod-product-compliance
Ingram Content Group UK Ltd.
Pitfield, Milton Keynes, MK11 3LW, UK
UKHW020245220726
13923UKWH00002B/830

9 782019 673789